Gesine Dornblüth/Thomas Franke

Jenseits von Putin

Gesine Dornblüth/Thomas Franke

Jenseits von Putin

Russlands toxische Gesellschaft

HERDER

FREIBURG · BASEL · WIEN

Unser Dank gilt Julia Smirnova.

MIX
Papier | Fördert gute Waldnutzung
FSC® C014496

www.herder.de

Satz: Röser MEDIA
Herstellung: GGP Media GmbH, Pößneck
Printed in Germany

ISBN Print: 978-3-451-39978-7
ISBN E-Book (EPUB): 978-3-451-82989-5
ISBN E-Book (PDF): 978-3-451-82991-8

Inhalt

Vorwort

Als am 24. Februar 2022 Russland in die Ukraine einmarschierte, war die Weltöffentlichkeit schockiert. Russlands Truppen richteten in dem Nachbarland vom ersten Tag an unermessliche Gräueltaten an, beschossen Zivilisten, plünderten, folterten und vergewaltigten, vernichteten alles, was ukrainisch ist. Viele sprachen vom Kriegsbeginn und von „Putins Krieg". Doch dieser Krieg hat nicht erst im Februar 2022 begonnen, sondern bereits im Februar 2014. Die russische Armee ist zudem seit Langem für ihre zerstörerische Kriegsführung bekannt – und die russische Gesellschaft für ihr Schweigen angesichts der Verbrechen, die in ihrem Namen begangen werden. Es ist deshalb falsch, von Putins Krieg zu sprechen.

„Die Straße nach Auschwitz wurde aus Hass gebaut, aber mit Teilnahmslosigkeit gepflastert", schrieb der Historiker Ian Kershaw. Der Holocaust war einmalig, doch das Ansinnen, andere Menschen zu vernichten, ist mit dem Dritten Reich nicht verschwunden. Die Teilnahmslosigkeit vieler Russen hat Wladimir Putin seit Beginn des neuen Jahrtausends stark gemacht. Sie verbanden mit ihm die Aussicht auf Stabilität. Nun scheint es, als seien Selbsthass und Enttäuschung vieler Menschen in Missgunst und Hass gegenüber vermeintlich Außenstehenden umgeschlagen, geschürt von einer nahezu übermächtigen Propaganda.

Während wir dieses Buch schreiben, ist nicht sicher, wann und wie dieser Krieg endet. Doch irgendwann wird Wladimir Putin die Macht abgeben. Die russische Gesellschaft wird bleiben. Es ist wichtig zu wissen, was uns dann – jenseits von Putin – erwartet.

Wer sind diese Menschen, was hat sie so werden lassen und was treibt sie um?

Wir nähern uns diesen Fragen aus unterschiedlichen Blickwinkeln. Wir zeigen, wie Rassismus und Chauvinismus in der russischen Gesellschaft zu offizieller Politik werden. Wir schildern, wie Menschen für Demokratie kämpfen und immer weiter marginalisiert und kriminalisiert werden. Wir erklären, wie sich das Recht des Stärkeren und die Aussicht auf Straffreiheit in der Gesellschaft verfestigen. Immer wieder begegnen wir dabei den Folgen von siebzig Jahren unbewältigter Sowjetherrschaft. Heute sind Bestrebungen, ein freiheitliches System aufzubauen, gescheitert. Stattdessen hat sich ein modernisiertes Sowjetsystem mit dem KGB-Mann Putin an der Spitze etabliert.

Als wir Ende der 80er und Anfang der 90er Jahre begannen, in die Sowjetunion und nach Russland zu reisen, waren wir neugierig auf das bis dahin weitgehend unbekannte Land und die Menschen hinter dem Eisernen Vorhang. Sie begegneten uns ihrerseits mit großer Offenheit, obwohl sie über Jahrzehnte antiwestlicher Propaganda, Geschichtsfälschung und Angst ausgesetzt waren. Einige der Menschen, die wir in diesem Buch zitieren, haben wir im Laufe der letzten dreißig Jahre immer wieder getroffen. Sie haben frei mit uns geredet in einer Zeit, in der das noch nicht gefährlich war. Um sie zu schützen und nicht auf ihre Ansichten verzichten zu müssen, haben wir einige Identitäten verändert.

1. Wir müssen reden

Sommer 2022. Europa diskutiert, ob man weiterhin russische Touristen einreisen lassen sollte. Auf dem Handy poppt eine Nachricht auf. Sie ist von Pawel aus Sankt Petersburg. „Können wir uns mal unterhalten?“, fragt er, „ich möchte gern die Sichtweise der Europäer verstehen.“

Pawel hat ein kleines Unternehmen. Als wir uns vor dreißig Jahren kennenlernten, wollte er Theaterregisseur werden. In den 90er Jahren, als es darum ging, irgendwie durchzukommen, gab er das auf. Es geht ihm wirtschaftlich gut. Drei Kinder, ein Haus am Stadtrand, zwei Autos. Er ist ein typischer Vertreter des russischen Mittelstands, der sich in den 2000er Jahren bildete.

„Deutschland hat nach dem Zweiten Weltkrieg lange Entschädigungen gezahlt, jeder deutsche Steuerzahler hat wirtschaftliche Verantwortung übernommen, selbst deutsche Antifaschisten und Widerstandskämpfer. Ich halte es für logisch, Russland Geld für den Wiederaufbau der Ukraine zu entziehen. Nicht nur die Devisenreserven, die außerhalb Russlands gelandet sind. Zurzeit verkauft Russland Öl an China und Indien mit einem Preisnachlass von bis zu dreißig Prozent, diese Staaten profitieren vom Krieg. Es wäre nicht schlecht, wenn die internationale Gemeinschaft diese Länder zwingen würde, die Hälfte dieses Rabatts der Ukraine zu geben. Auf diese Weise würde Russland durch den Verkauf von Öl (auf den es nicht verzichten kann) nicht nur Putins Krieg, sondern gleichzeitig auch den ukrainischen Widerstand finanzieren. Das ist meine verrückte Idee. Zu den Schengen-Visa: Ich verstehe, wie brechreizerregend es ist, Russen zu sehen, die während eines Krieges Urlaub machen. Aber logischer, als die Visa abzuschaffen, wäre es doch, von jedem russischen Touristen, der in die EU einreist, eine Zwangsgebühr für das Ukrainische Rote Kreuz oder Ähnliches zu erheben. Ich denke, das würde das Problem entschärfen."

Pawel war nie ein großer Fan von Putin. Zu Protestdemonstrationen ist er aber auch nie gegangen. Zu Beginn des groß angelegten Angriffs auf die Ukraine haben in Russland Tausende Menschen gegen den Krieg protestiert. Viele von ihnen wurden festgenommen, zu protestieren ist immer gefährlicher geworden. Zugleich rufen Scharfmacher in den Staatsmedien zum Töten von Ukrainern auf. In den sozialen Medien verbreiten sich massenhaft Bilder von Russen, die ein Z zeigen, das Symbol des Krieges. Wie stark ist die Zustimmung zum Krieg wirklich? Pawel schreibt:

„Ich denke, auf dem Land stehen neunzig Prozent der Menschen hinter Putin, in kleinen und mittleren Städten fünfundsiebzig bis achtzig Prozent, in den großen Städten sechzig bis siebzig Prozent. Die Herde folgt einfach instinktiv dem Anführer, das logische Denken ist ausgeschaltet. In einem sozialen Netzwerk habe ich eine Gruppe mit meinen Klassenkameraden. Wir sind dort achtzehn Leute. Vier von uns, mich eingeschlossen, sind gegen den Krieg. Die anderen sind vielleicht nicht für den Krieg, aber sie unterstützen Putin. So in der Art: Er weiß es am besten ... Die USA sind schuld ... Für die Kinder, die in den letzten acht Jahren in Donezk getötet wurden ... Nazis haben die Macht in der Ukraine ergriffen und so weiter. Es fällt mir schwer, mit ihnen zu kommunizieren. Ich weiß jetzt viel besser, was ein Bürgerkrieg ist. Mein bester Freund und meine Mutter gehören zu den Putinisten. Ich bin einfach sprachlos. Ich habe jeden Donnerstag eine Sauna-Runde. Alles Männer. Da gibt es einen pensionierten Militär, einen Geheimdienstler, einen ehemaligen Wachmann, mehrere Polizisten und viele Geschäftsleute. Der ehemalige Wachmann und ich sind gegen den Krieg. Der Mann vom Militär und der Geheimdienstler schweigen, die kleineren Geschäftsleute sind für den Krieg. Ich weiß, das ist nicht repräsentativ, aber zwanzig Prozent in der Runde sind gegen den Krieg, achtzig Prozent schweigen oder stimmen zu. So sieht es aus."

Ein paar Tage später ist Pawel mit dem Auto unterwegs in die Slowakei. Die Überweisungen funktionieren nicht mehr, und er muss Mitarbeitern in Bratislava Geld bringen. Der Weg ist lang geworden, denn er kann nicht mehr durch die Ukraine fahren. Als er wieder in Sankt Petersburg ist, schreibt er: „Wenn ich unterwegs getankt oder geparkt habe, haben die Leute mich und mein Auto angeguckt. Das Auto hat russische Nummernschilder mit einer russischen Flagge darauf. Ich kann nicht jedem erklären, dass ich gegen den Krieg bin, dass ich versuche, meinen Freunden in Russland zu erklären, warum ich dagegen bin, und sie zur Vernunft und zu Mitgefühl zu bringen. Es wäre ideal, wenn die Leute wüssten: Wenn ich in Europa bin, bin ich in Ordnung."

Ende August spricht Pawel zum ersten Mal von einem Regimewechsel: „Um ein Problem zu lösen, ist das Wichtigste, Prioritäten zu setzen. Meiner Meinung nach besteht das strategische Ziel Nummer eins darin, dass Putin nicht mehr an der Spitze steht. Ich glaube, man braucht etwas Geduld. Denn die Sanktionen wirken. Man sollte warten, bis unter der Last der Sanktionen und des sinkenden Lebensstandards ein Regimewechsel in Russland möglich ist. Gleichzeitig muss man einen psychologischen und ideologischen Krieg gegen Putin und um die Köpfe und Herzen der Russen führen."

Und die Zigtausenden Toten in der Zwischenzeit?

„Es ist ein Kolonialkrieg. Er ist weit weg von den Metropolen. Die Metropolen erreicht man nur über deren wirtschaftliche Interessen. Russland kann die Ukraine nicht besiegen, und die Ukraine kann Russland nicht mal mit Unterstützung der NATO besiegen, denn um eine Niederlage zu vermeiden, wird Putin die Generalmobilmachung und den totalen Krieg ausrufen. Deshalb, weil weder ein Sieg noch ein Frieden möglich ist, und um das sinnlose Töten von Menschen zu beenden, sollte der Konflikt eingefroren werden. Als Nächstes müssten UN-Truppen entlang der Demarkationslinie postiert werden. Dann wird Putin nicht angreifen."

Je länger es dauert, desto schwieriger wird es, diese Diskussionen in einem Chat zu führen. Und offensichtlich stocken auch die Gespräche in Russland. Die Gesellschaft schweigt. Mitte September schreibt Pawel: „Seit etwa drei Wochen redet in der Sauna keiner mehr über den Krieg."

Als Putin am 21. September 2022 die Mobilmachung ausruft, kommt der Krieg in den Familien an. Pawel schickt seine beiden Söhne umgehend ins Ausland. Er selbst bleibt.

2. Russland den Russen

Im August 2022 wendet sich die Ukraine wegen eines unerträglichen Videos an die Vereinten Nationen. Es zeigt einen Mann auf einer Bühne. In der rechten Hand hält er einen Schädel. Triumphierend präsentiert er ihn dem Publikum. Der Schädel gehöre einem Ukrainer, der das Asow-Stahlwerk in Mariupol verteidigt habe. „Soll er in der Hölle brennen", ruft er. „War das auch ganz bestimmt kein Zivilist?", fragt eine Stimme im Saal. „Ganz sicher nicht, wir haben ihn ja selbst erledigt." Der Mann auf der Bühne grinst. „Kleinrussland muss entukrainisiert werden", fordert er. Mit Kleinrussland meint er die Ukraine. „Wir müssen unsere Gebiete heimholen. Russland kämpft nicht gegen Menschen, Russland kämpft gegen die Idee der Ukraine als antirussischem Staat. Alle Anhänger dieser Idee müssen vernichtet werden."

Der Redner mit dem Schädel in der Hand heißt Igor Mangushew und ist Russe. Wir haben ihn zehn Jahre zuvor in Moskau getroffen, als er Jagd auf Gastarbeiter aus Zentralasien machte, sie in den Kellern von Wohnhäusern aufspürte, bedrohte und der Polizei auslieferte.

Die erste Bekanntschaft mit russischen Nazis machen wir 1992 an einem nasskalten Abend kurz vor Silvester in Sankt Petersburg. Ein russischer Kollege hat uns gebeten, ihn zu einem Interview mit Rechtsextremen zu begleiten. „Die kennen mich. Die verarschen mich nur. Ihr aber seid Deutsche. Das finden die super." Ende 1992 reisen wir in ein Russland, das die Mangelwirtschaft der späten Sowjetunion noch nicht überwunden hat und in dem die Menschen um ihr Überleben kämpfen. Die Aeroflot-Maschine, die uns hinbringt, muss dringend überholt werden. Die Sitze sind durchgesessen, die Polster zerschlissen. Bei der Landung fällt die Deckenverkleidung in den Gang, und die freien Sitze klappen nach vorn. Kaum berührt das Fahrgestell den Boden, springen die Mitreisenden auf, greifen nach Taschen und Plastiktüten, stürmen nach vorn. Sankt Petersburg heißt seit einem guten Jahr nicht mehr Leningrad, doch überall steht noch der sowjetische Name, auch über dem Eingang zum Flughafengebäude. Drinnen ist der Boden schmierig vom Schneematsch, es riecht leicht nach Müll, Schweiß und Verfall. Im Zwielicht einer Ecke schieben und schubsen sich Menschen. Wir vermuten, dass dort das Gepäckband ist, und kämpfen unsere Rucksäcke frei. In einem ist die Kleidung, im anderen Essen für zehn Tage: Nudeln, eine große Salami, Reis. Kondome für Freunde, Damenbinden, Unterhosen, alles, was in der Sowjetunion knapp war und was es im frisch unabhängigen Russland nicht gibt.

Vor dem Flughafen wartet ein Bekannter mit einem alten Lada. Die Sitze sind noch durchgesessener als im Flugzeug, auch der Rest des Autos ist in keinem guten Zustand. Auf der Fahrt hängt er über dem Lenkrad, umkurvt die tiefen Löcher in der Schnellstraße. An den Straßenrändern sehen wir Plakate, die dafür werben, im ehemaligen Jugoslawien als Söldner für die Serben zu kämpfen.

Den Kollegen treffen wir am nächsten Tag. Er arbeitet für die *Tschas Pik*. Die Wochenzeitung nutzt die Freiheiten der neuen Zeit, benennt Missstände, stößt Debatten an. Unser Bekannter ist auf Umweltverschmutzung spezialisiert, wo immer er hinkommt, stellt er einen Geigerzähler auf den Tisch, holt einen Stadtplan von Sankt Petersburg aus der Tasche und trägt den Messwert ein. Im Stadtgebiet liegen atomgetriebene U-Boote. Ihr Zustand ist erbärmlich. Berichten zufolge sollen Soldaten ohne Schutzkleidung mit den Reaktoren arbeiten. Die Reaktorkatastrophe von Tschernobyl 1986 ist noch allgegenwärtig. In Sankt Petersburg stehen Hochhäuser, deren Betonplatten mit Kies aus Müllkippen gegossen wurden, in denen schwach strahlendes Material lag. Es gibt keine freien Wohnungen, in denen die Menschen stattdessen unterkommen könnten.

Am Abend fahren wir zu dritt durch die damals schwach beleuchtete Stadt auf die Wassili-Insel zum Treffpunkt mit den Rechtsextremen in einer alten Fabrik. Als wir ankommen, biegt ein Armeejeep in rasendem Tempo um die Ecke. Vier Männer steigen aus. Unsere Gesprächspartner. „Hier lang“, sagt einer. Wir folgen ihnen über staubige Dielenböden und eine abgewetzte Treppe hinauf in den ersten Stock, durchqueren eine schmutzige Cafeteria und kommen in einen Saal. Auf der Bühne spielt eine Blaskapelle die Hymne der Sowjetunion. „Ruhm der großen Oktoberrevolution“ steht auf einem Transparent.

Die vier schicken die Musiker weg und bringen uns in ein kleines Zimmer hinter dem Saal. Darin ein Tisch, ein paar Stühle, sonst nichts. Vorstellungsrunde: Wladimir Zikarew, Vorsitzender der faschistischen Russkaja Partia, der Russischen Partei. Von Beruf ist er Dichter. Zikarew ist grau gekleidet, trägt einen grau melierten Vollbart und ist etwas untersetzt. Ganz anders sein Stellvertreter Nikolai Bondarik. Atomphysiker, noch unter dreißig, stahlblaue Augen, stahlblauer Scheitel. Alles an ihm wirkt stahlblau. Der Dritte stellt sich als Juri Beljajew vor, Vorsitzender der Völkisch-Sozialen Partei, Abgeordneter im Stadtrat und Offizier der Miliz, wie die Polizei damals noch heißt. Alter Mitte dreißig. Und der Vierte? Der setzt sich aufs Fensterbrett und schweigt. „Wer ist das?“ – „Der ist vom KGB. Beachten Sie ihn am besten gar nicht.“ Der KGB heißt zwar auch schon seit einem Jahr FSB, das Personal ist aber weitgehend das gleiche geblieben. Der Zustand des Geheimdienstes ist so desolat wie alles in Russland zum Jahreswechsel 1992/1993. Und auch Bondarik muss aus einer KGB- oder Armeefamilie stammen, sonst hätte er in der Sowjetunion nur schwer Atomphysik studieren können.

Beljajew erzählt, dass er Freiwillige für den Krieg in Jugoslawien ausbildet. In einer Turnhalle der russischen Miliz in Sankt Petersburg. Auf dem Balkan haben sich die ersten Staaten für unabhängig erklärt, die Regierung in Belgrad versucht, den Zerfall Jugoslawiens mit militärischen Mitteln aufzuhalten. Ende 1992 belagern die Serben Sarajewo. Zu der Zeit kann man sogar Ausflüge buchen, um von den Bergen aus auf Menschen und Häuser in Sarajewo zu schießen. Dazu gibt es Schaschlik und Prostituierte. „Die Serben sind unsere slawischen Brüder", sagt Beljajew, „sie sind orthodox wie wir. Wir müssen ihnen im Kampf gegen die feindliche Rasse helfen." Er zeigt ein Kruzifix. „Das hat mir ein serbisch-orthodoxer Pope für meine Dienste am serbischen Volk verliehen. Ich habe dort auch ein bisschen, sagen wir mal, Sport getrieben." Die Männer lachen. Jahrzehnte später werden sich serbische Nationalisten revanchieren und im Krieg gegen die Ukraine auf russischer Seite kämpfen.

Auch Nikolai Bondarik bildet Anfang der 90er Jahre Kämpfer aus, jedoch keine Söldner, sondern eine Wehrsportgruppe der Russischen Partei. „Unser Ziel ist ein ethnisch gereinigtes Großrussland in den Grenzen der Sowjetunion. Dazu müssen wir an die Macht. Entweder über Wahlen oder mit Gewalt." Beljajew nickt. „Wenn es so weit ist und wir um die Macht in Russland kämpfen, dann wird uns die Erfahrung unserer Serbienkämpfer nützen", sagt er. „Binnen vier Stunden können wir bewaffnet sein." Eigene Waffenlager hätten sie nicht, beteuern beide, sie würden die Waffen von der Miliz und der Armee bekommen.

„Die Südrepubliken gehören uns. Kasachstan zum Beispiel hat nie als Staat existiert. Wir räumen dort auf. Mit denen werden wir in einer Woche fertig", verkündet Bondarik mit stahlblauem Blick. 2014, nach der Eroberung der Krim, sagt auch Wladimir Putin: „Die Kasachen hatten nie eine Staatlichkeit." Kasachstan ist seit dem Ende der Sowjetunion ein unabhängiger Staat. Nahe der

Grenze zu Russland lebt eine große russische Minderheit. Spätestens seit dem Raub der Krim durch Russland nehmen die Kasachen solche Bemerkungen aus Moskau sehr ernst.

„In Amerika gibt es Reservate, in denen Indianer in Würde existieren können", erläutert Bondarik, „wieso sollen wir so etwas nicht auch für Usbeken und Jakuten einrichten?" Usbekistan ist zu diesem Zeitpunkt gleichfalls ein unabhängiger Staat. Die Jakuten hingegen zählen zu den Minderheiten auf dem Gebiet der Russischen Föderation. Sie haben schon lange vor den Russen im heutigen Jakutien im Nordosten des Landes gelebt. Für Bondarik macht das alles keinen Unterschied. Die größten Feinde seien allerdings die Juden: „Juden sind ein Fremdkörper in Russland, sie müssen weg." Zwischendurch erhebt Wladimir Zikarew, der Dichter, die Stimme, wird aber jedes Mal von den anderen beiden abgewürgt. Er ist offensichtlich betrunken, faselt vom „großen Bruder Russland". Schließlich wirft er sich in die Brust und stimmt eine von ihm geschriebene Hymne der Russischen Partei an: „Heimat, man hat dich belogen und bestohlen, Zionisten unterdrücken dich, aber heute sind die Russen aufgestanden." Beim Refrain steigen seine Mitstreiter mit ein: „Ich bin glücklich, als Russe geboren zu sein!" Nur der KGB-Mann auf dem Fensterbrett schweigt und lächelt.

Bondarik, Beljajew und Zikarew sind Ende 1992 weit davon entfernt, an die Macht zu kommen. Ihre nationalistischen Ideen fallen jedoch auf fruchtbaren Boden: 23 Prozent der Bewohner Sankt Petersburgs befürworten zu diesem Zeitpunkt den Slogan „Russland den Russen". Das hat die Lokalzeitung *Smena* (Wechsel) herausgefunden. Unter Jugendlichen sind es sogar 39 Prozent.

Rassismus und Nationalismus in einem Land, das so sehr unter den Nationalsozialisten gelitten hat? Nationalismus gab es schon in der Sowjetunion. Die Kommunistische Partei beschwor zwar Internationalismus und Völkerfreundschaft, und der Aufruf

„Proletarier aller Länder, vereinigt euch!" aus dem Kommunistischen Manifest von Karl Marx zierte sogar das Staatswappen der Sowjetunion. Bis 1944 war „Die Internationale", das Kampflied der Arbeiterklasse, die Hymne des „Arbeiter- und Bauernparadieses". Danach hob die neue sowjetische Hymne die besondere Rolle Russlands hervor. Millionen Sowjetbürger sangen: „Die große Rus (das große Russland) hat die unzerstörbare Union freier Republiken für immer geeint." Die Rus war ein mittelalterliches Reich in Osteuropa, Russland sieht sich als dessen Nachfolger. Josef Stalin, selbst Georgier, betrachtete die Sowjetunion als eine Art erweiterten russischen Nationalstaat. Nirgends ist das deutlicher geworden als in seinem „Trinkspruch auf das Wohl des russischen Volkes" nach dem Sieg über Hitlerdeutschland. Beim Empfang zu Ehren der Truppenbefehlshaber der Roten Armee am 24. Mai 1945 im Kreml hob Stalin sein Glas mit den Worten: „Ich trinke vor allem auf das Wohl des russischen Volkes, weil es die hervorragendste Nation unter allen zur Sowjetunion gehörenden Nationen ist. Ich bringe einen Trinkspruch auf das Wohl des russischen Volkes aus, weil es sich in diesem Krieg allgemeine Anerkennung als die führende Kraft der Sowjetunion unter allen Völkern unseres Landes verdient hat." Die Völker der Sowjetunion waren nicht gleichberechtigt. Russland dominierte.

Fast auf den Tag sieben Jahre nach unserer Begegnung mit den Nationalisten in der Sankt Petersburger Fabrikhalle kommt Wladimir Putin an die Macht. In der Silvesteransprache 1999 erklärt sein Vorgänger Boris Jelzin seinen Rücktritt, Putin übernimmt das Präsidentenamt zunächst kommissarisch und wird wenige Monate später zum Staatsoberhaupt gewählt. Putin kommt aus dem Geheimdienst, hält Stalin für einen starken Führer und das Auseinanderbrechen der Sowjetunion für die „größte geopolitische Katastrophe des 20. Jahrhunderts". Er meint damit nicht nur die Niederlage der UdSSR im Wettstreit mit den USA, er hat auch die Millionen Russen in den ehemaligen Sowjetrepubliken im Blick, die auf einmal im Ausland leben.

2001 nimmt die Sängerin Schanna Bitschewskaja den Song „Wir sind Russen“ auf. Sie singt von den „drei slawischen Stämmen“ Russland, Ukraine und Weißrussland, von der letzten Schlacht, von Gott und dem Zaren und vom „heiligen Russland“. Im Refrain heißt es:

„Die Wege, die uns zu Christus führen, sind schmal,
Wir kennen Tod, Verfolgung und Gefangenschaft.
Wir sind Russen, wir sind Russen, wir sind Russen,
Wir werden uns trotz allem von den Knien erheben.“

Das Lied läuft über Jahre in den russischen Radiostationen. Glaubt man Bitschewskaja, gehört sie zu Putins Lieblingsmusikerinnen. In einem Interview hat sie einmal erzählt, Putin habe sie, als er noch beim KGB war, regelmäßig zu Auftritten am „Tag des Tschekisten“ eingeladen.

In den folgenden Jahren boomen solche nationalpatriotischen Lieder. 2022 landet der Sänger Shaman (Jaroslaw Dronow) mit dem Titel „Ich bin Russe“ einen Hit. Das Video wird bei YouTube binnen weniger Wochen mehr als zehn Millionen Mal aufgerufen. Ein Komiker parodiert das Lied, verwandelt den Titel „Ja – Russki“ („Ich bin Russe“) in „Ja – uski“ („Ich bin schmal“) und wird wegen angeblicher Anstachelung zu Hass angeklagt.

Was aber ist ein Russe?

Der Provinzpolitiker Wladimir Schewtschenko liefert uns 2013 eine Definition: „Ein Russe ist, wer russische Bräuche pflegt, den russisch-orthodoxen Glauben teilt und dem Geist nach Internationalist ist im Sinne der Sowjetunion.“ Damit ist ein wesentlicher Teil der Bevölkerung Russlands ausgeschlossen: Muslime, Juden, Buddhisten, Angehörige ethnischer Minderheiten,

Menschen, die sich von der Sowjetunion distanzieren. In Russland leben mehr als hundert verschiedene Ethnien. Allein in der Teilrepublik Dagestan im Nordkaukasus sind es mehr als dreißig, sie sprechen 14 verschiedene Sprachen, und das auf einer Fläche, die nicht mal so groß ist wie Bayern. Doch die diffus ethnisch-religiöse Definition begegnet uns immer wieder. „Internationalismus“, erläutert Schewtschenko, „ist das, worauf seinerzeit versucht wurde, die Sowjetunion aufzubauen. Russland war das Bollwerk und das Bindeglied zwischen allen anderen Nationalitäten. Auch wenn einige das heute anzweifeln, haben wir doch im Alltag friedlich zusammengelebt.“

Schewtschenko sitzt im Stadtparlament von Newinnomyssk, einer Stadt mit rund 100 000 Einwohnern in der Region Stawropol im Süden Russlands. Die beiden Hauptstraßen sind schnurgerade und von Plattenbauten gesäumt. Am Stadtrand schleudern die Schlote einer Chemiefabrik Dreck in die Luft. Die Arbeitslosigkeit ist hoch. Irgendjemand hat Hakenkreuze an ein Gebäude geschmiert und „Russia“ daneben geschrieben. Jemand anders hat versucht, das zu entfernen, es dabei aber nur verwischt. Newinnomyssk wurde einst als Kosakensiedlung entlang der damaligen Verteidigungslinie Russlands gegen den Nordkaukasus gegründet. Der Nordkaukasus ist heute Teil Russlands. Die Republiken dort zählen zu den ärmsten des Landes. Viele Menschen suchen das Weite, und wer aus Tschetschenien, Dagestan oder Inguschetien weg will, kommt in der Regel zunächst nach Newinnomyssk, zur Ausbildung oder um zu arbeiten. Schewtschenko ist gegen solche „Zuwanderung“. Er sieht sich immer noch im Abwehrkampf gegen Kaukasier. Deshalb hat er eine Bewegung mit dem Namen „Ja Russki“ gegründet, „Ich bin Russe“.

Newinnomyssk ist seit Jahren immer wieder in den Schlagzeilen, wie die ganze Region. Bereits 2001 entführte ein bewaffneter Mann einen Bus mit vierzig Passagieren, verlangte die Freilassung fünf gefangener Tschetschenen. Eine russische Sondereinheit konnte die Geiseln befreien, der Entführer kam dabei ums Leben. Im Dezember 2007 explodierte ein Bus, zwei Menschen starben, vier wurden schwer verletzt. Im Winter 2012/2013 kommt es in der Stadt zu tagelangen Protesten, angefacht durch angereiste Nationalisten aus anderen Teilen Russlands. Der Grund: In einer Diskothek hat ein junger Mann im Streit einen anderen erstochen. Nationalisten nutzen solche Vorfälle für rassistische Hetze. „Die Leute sind für eine stärkere Kontrolle der Zuwanderung", sagt der Lokalpolitiker Schewtschenko. „Sie wollen, dass die Polizei endlich gegen jene Elemente vorgeht, die Gesetzesverstöße zulassen; sie sind gegen die Tatenlosigkeit der Polizei." Später wird Schewtschenko Mitglied in der Kreml-Partei Einiges Russland.

Russlands Verfassung beginnt mit den Worten: „Wir, das multinationale Volk der Russländischen Föderation ...". Putin selbst vermied in den ersten Jahren seiner Präsidentschaft nationalistische Töne. Oft betonte er den multinationalen Charakter des Landes, warnte vor Fremdenfeindlichkeit und Rassenhass – wie zum Jahrestags des Sieges über Hitlerdeutschland im Mai 2006. Doch während Putin den Vielvölkerstaat Russland lobte, ließ er die Nationalisten gewähren und förderte sie sogar. Im Jahr 2005 führte Russland auf Betreiben rechtsnationaler Politiker einen neuen Feiertag ein, den „Tag der Einheit des Volkes" am 4. November. Dafür wurde der „Tag der Verfassung" zu Ehren der Unabhängigkeit Russlands von der Sowjetunion als arbeitsfreier Tag gestrichen. Der neue Feiertag erinnert an die Befreiung Moskaus von polnisch-litauischer Besatzung im Jahr 1612, und eigentlich sollten an diesem Tag alle Menschen in Russland unabhängig von ihrem Glauben und ihrer Nationalität zusammenrücken. Stattdessen versammelten sich am 4. November 2005 Monarchisten, orthodoxe Christen und Nazis nahezu aller Schattierungen zu einem „Russischen Marsch". „Zu Ehren der nationalen Einheit" zogen Tausende mit schwarz-gelb-weißen Zarenflaggen und Hakenkreuzen in allen Variationen durch das Stadtzentrum, darunter Familien mit Kindern. Viele zeigten den Hitlergruß, auch Priester streckten den rechten Arm in die Höhe. Lautstark forderten sie „Russland den Russen". Die Behörden schritten nicht ein. Der „Russische Marsch" wurde eine Institution und fand fortan jedes Jahr statt. Auch Nikolai Bondarik und seine Leute liefen mit, ebenso Alexej Nawalny, der spätere Antikorruptionsblogger.

Im Jahr 2006 unterstützen bereits knapp 60 Prozent der Bevölkerung die Parole „Russland den Russen", und Sankt Petersburg hat sich zu einem Zentrum von Nationalismus und Fremdenfeindlichkeit entwickelt. Anfang der 2000er Jahre sind dort mehrere Menschen aus rassistischen Motiven ermordet worden, darunter mindestens fünf Studenten aus Afrika und Indien, ein neunjähriges tadschikisches Mädchen und der Rechtsextremismusexperte Nikolai Girenko. Er hatte als Gutachter bei der Sankt Petersburger Staatsanwaltschaft dazu beigetragen, dass rechtsextremistische Gewaltverbrecher vor Gericht kamen. Girenko wurde durch seine Wohnungstür hindurch erschossen. Selbst nach offensichtlich nationalistisch und rassistisch motivierten Gewalttaten tun russische Medien, Ermittlungsbehörden und Politiker die Täter als „Rowdies" ab. Als wären gewalttätige Jugendliche auf der Straße unterwegs und nicht politisch motivierte Rechtsextreme mit Machtanspruch. Proteste gewissenhafter Bürger gibt es kaum, Mahnwachen sind eher lose Treffen einiger weniger.

Desire Deffo leitet 2006 die Afrikanische Einheit, einen Zusammenschluss der etwa zweitausend Afrikaner in der Stadt. Er ist als Student aus Kamerun in die Sowjetunion gekommen. „Natürlich beschäftigen uns die Morde. Wie soll einer ruhig weiterstudieren, wenn er weiß, dass er das nächste Opfer sein kann? Die Menschen sind beunruhigt." Deffo mahnt trotz der Mordserie zur Besonnenheit. „Wir blicken nach vorn. Heute ist die Situation schlecht, aber morgen kann alles besser sein. Wir hoffen darauf, denn in Petersburg leben sehr viele Afrikaner, viele haben Familien. Sollen die etwa alle ihre Koffer packen? Natürlich nicht!" Er habe noch nie ernsthaft daran gedacht, Russland zu verlassen. Denn Rassismus gebe es auch anderswo. Deffo vertraut Putin, der sagt, man brauche in Russland Arbeitskräfte aus anderen Ländern. Das seien keine Lippenbekenntnisse. Er identifiziert sich mit dem russischen Staat, und er verlangt, dass alle gemeinsam daran arbeiten, Intoleranz und Rassenhass zu bekämpfen. Deffo wirbt in Schulen für die afrikanische Kultur. „Heute geht es gegen die Afrikaner, morgen gegen Kaukasier und übermorgen gegen Russen. Was passiert denn, wenn ein Russe komische Haare hat oder die falschen Hosen trägt? Wir Afrikaner sind nur deshalb zu den ersten Opfern geworden, weil wir uns am wenigsten schützen können."

Deffo sitzt früh am Abend in Anzug, weißem Hemd und roter Krawatte im Keller eines ausgedienten Kinos an einem Tisch, vor sich eine Aktentasche, hinter sich eine Bar, an der ein Barkeeper aus Mali stumm Tee für die beiden einzigen Gäste kocht. Das Kino ist der Treffpunkt der afrikanischen Gemeinde. Oben im Foyer hängen verblichene Filmplakate. Zwei Garderobenfrauen lösen Kreuzworträtsel und bewachen Deffos Mantel. Nur ab und zu werden hier noch Filme vorgeführt, meist für Schulklassen. Deffo winkt den Gast vom Nachbartisch heran. Mara Mane stammt aus dem Senegal. Er ist ein hochgewachsener, schlanker Mann mit kurzen Rastalocken. Vor knapp zwei Jahren kam er mit dem Schiff aus Marokko nach Sankt Petersburg und beantragte politisches Asyl. Über Russland wusste er nichts. Aber schlechter als in seiner Heimat könne es dort nicht sein, dachte er. Nun bereut er den Schritt. „Ich weiß nicht, ob ich in Russland bleiben werde. Seit ich hier bin, ist die Situation permanent schlechter geworden. Das macht mir Angst." Mane stützt die Ellbogen auf die Knie, macht sich kleiner, als er ist. Über seinen Asylantrag ist noch nicht entschieden. Er wirkt resigniert. Im Senegal hat er bis zu seiner Flucht für einen Sicherheitsdienst gearbeitet. In Sankt Petersburg macht er sich um seine eigene Sicherheit Sorgen. Mane vermeidet Begriffe wie Nazis, Rassisten, Schläger, Mörder. Diffus spricht er nur von „ihnen“:

„Ich habe einfach Glück gehabt, dass ich noch nicht von ihnen überfallen wurde. Ich bin aber auch vorsichtig. Es gibt Dinge, die würde ich nicht machen, weil sie sie provozieren könnten. Zum Beispiel mit Frauen unterwegs sein. Das mögen sie nicht. Das mache ich nicht. Es gibt sehr dunkle und verlassene Gegenden. Dort gehe ich nicht hin. Es gibt Uhrzeiten, zu denen ich nicht allein auf die Straße gehe. Das sind so ein paar Vorsichtsmaßnahmen, die vielleicht dazu geführt haben, dass mir so etwas noch nicht passiert ist.“

Desire Deffo nickt. Auch er sei noch nie auf der Straße bedroht worden – aber er ist auch immer mit dem eigenen Auto unterwegs. „Wenn einer auf der Straße in meine Richtung sagt: ‚Da geht ein Neger‘, dann beachte ich das gar nicht. Weil ich über die Jahre begriffen habe, dass das nicht unbedingt böse gemeint ist. Oft wissen die Leute gar nicht, was sie da sagen. Sogar gebildete Russen halten ‚Neger‘ für ein neutrales Wort. Wenn ich auf einer Wand irgendwo Aufschriften sehe wie: ‚Neger, haut ab‘ oder ‚Alle Schwarzen raus‘, dann ist das zwar unangenehm für mich. Aber ich sage mir einfach: Das hat ein Mensch geschrieben, der noch nicht auf meinem intellektuellen Niveau ist.“

Die beiden Männer gehen nach oben in das verwaiste Kinofoyer. Letztes Tageslicht fällt auf die vergilbten Filmplakate. Deffo glaubt, dass Wladimir Putin wirklich gegen Rassenhass vorgehen möchte. „Wir von der Afrikanischen Einheit haben als Erste gesagt, dass Rassismus und Diskriminierung in Russland ernst zu nehmen sind. Aber damals, vor sechs oder sieben Jahren, hörten wir nur: ‚Wovon reden Sie? Was für ein Rassismus?‘ Heute dagegen geben die Regierung und die Stadtverwaltung ganz offen zu, dass es dieses Problem gibt. Das ist ein großer Erfolg! Ich durfte sogar in der Stadtverwaltung auftreten!“

Deffo redet schön, was sich bereits abzeichnet. Politiker und Propagandamedien schlagen zunehmend fremdenfeindliche Töne an. Im Herbst 2006 weist Russland mehr als 2300 Georgier aus, von denen sich die meisten legal im Land aufhielten. Human Rights Watch spricht von einer „antigeorgischen Kampagne vor dem Hintergrund von wachsendem Rassismus und Fremdenfeindlichkeit in Russland“. Desire Deffo geht zur Garderobe, die Frauen reichen ihm seinen Mantel. Dann klemmt er seine Aktentasche unter den Arm und bricht auf. „Bye-bye“, sagt die eine Garderobenfrau. „Do swidania“, erwidert Deffo. „Bye-bye“, wiederholt die andere. Die beiden Frauen lächeln und winken.

„Die Regierung propagiert eine starke Hand. Das fördert die chauvinistischen und fremdenfeindlichen Tendenzen noch“, warnt dagegen Leonid Lwow. Der Rentner sitzt in einem Café in Sankt Petersburg und blickt durch das Fenster auf den Hinterhof, auf dem er selbst als Kind gespielt hat. Mitte der 90er Jahre hat er ein Bildungsprogramm für Lehrer, Hochschuldozenten, Polizisten, Staatsanwälte und Menschenrechtler ins Leben gerufen. Die Teilnehmer diskutieren über Toleranz, über imperialistische Tendenzen in Russland nach dem Zusammenbruch der Sowjetunion, über sogenannte „Hate Crimes“, aus Hass oder aufgrund von Vorurteilen begangene Verbrechen. „Mich hat ein Mitarbeiter der Miliz angerufen“, erzählt Lwow 2006. „Der Milizionär ist für Jugendliche zuständig. Eine Schule in seinem Bezirk bietet neuerdings sogenannte militärisch-patriotische Erziehung an. Das ist eine sehr chauvinistische Angelegenheit.“ Gut fünfzehn Jahre später wird militärisch-patriotische Erziehung an den Schulen zur Regel werden. „Der Milizionär hat mich gefragt, ob ich an der Schule ein Seminar für Toleranz anbieten könne." Natürlich hat Lwow zugesagt. Er freut sich über kleine Erfolge. Sie sind selten, die Rückschläge umso herber. Der ermordete Sankt Petersburger Rechtsextremismusexperte Nikolai Girenko war ein enger Freund von Lwow. Zu einem „Marsch gegen Hass", den er nach dem Mord organisierte, kamen 400 bis 500 Menschen, eine verschwindend geringe Zahl angesichts von mehr als viereinhalb Millionen Einwohnern. Zwei Jahre nach dem Mord sitzen acht Personen unter Mordverdacht in Untersuchungshaft; bewiesen ist aber nichts. „Ich wurde zum Verhör geladen. Hin und wieder verhaften die Ermittler eine Gruppe. Unterm Strich gibt es keine Ermittlungserfolge."

Draußen auf dem Hof rennen Jungs und Mädchen um ein Klettergerüst in Schiffsform. An dessen Bug steht: „300 Jahre Sankt Petersburg". Peter der Große ließ die Stadt einst als Fenster nach Europa bauen, und er lud dazu jede Menge Ausländer ein, darunter deutsche Zimmerleute und holländische Schiffsbauer. Bis heute rühmen sich gebürtige Petersburger dieser multinationalen Geschichte. Die Praxis sieht anders aus: „Bei unseren Toleranzseminaren haben wir seit Jahren immer etwa das gleiche Bild: Drei bis fünf Prozent der Leute sind felsenfest davon überzeugt, dass es kein Glück auf Erden gibt, solange nicht alle Fremden und Andersgläubigen aus Russland fortgejagt sind. Fünf bis zehn Prozent der Teilnehmer sind tolerant und teilen unsere Ansichten. Aber sie sind meist überhaupt nicht miteinander vernetzt. Dazwischen ist eine Masse von etwa achtzig Prozent, der all das schlichtweg egal ist. Diese Leute schließen sich regelmäßig denen an, die am lautesten sind. Ich muss Optimist sein. Ich habe fünf Enkel und eine Urenkelin. Da kann ich mir keinen Pessimismus erlauben. Aber es brechen schwere Zeiten an."

Wie laut die Nationalisten bereits in den 2000er Jahren sind, erleben wir an einem Sonntagnachmittag auf dem Platz vor dem

„Theater des Jungen Zuschauers", einem heruntergekommenen Betonklotz aus der Sowjetzeit. Eine Gruppe Nationalisten schwenkt Fahnen und Transparente. „Recht und Ordnung" ist zu lesen und „Heil Russland". Im Laufe der Veranstaltung werden es nicht mehr als 50 Teilnehmer, aber sie bilden ein enges Netzwerk. Einige Demonstranten stehen etwas erhöht auf den Stufen eines Denkmals. Es zeigt den russischen Dichter Alexander Gribojedow sitzend in Denkerpose. Gribojedow ist grün angelaufen. „Wir demonstrieren heute gegen die Unterdrückung der angestammten Bevölkerung durch kaukasische und asiatische Immigranten", erläutert Dmitri Kyrillow, ein sommersprossiger Student in Jeans und schwarzem Glattlederblouson. Er studiert im dritten Jahr Wirtschaft. „Die Immigranten benehmen sich wie Besatzer", behauptet er. „Sie sind kriminell, sie kontrollieren ganze Wirtschaftsbereiche, zum Beispiel den Handel auf den Märkten, und bringen Heroin nach Russland. Die Regierung tut nichts dagegen, sondern versucht, der Bevölkerung weiszumachen, dass Immigranten etwas Gutes seien, anstatt dafür zu sorgen, dass das russische Volk nicht ausstirbt."

Kyrillow strafft sich. An seinem Hemdkragen kommt ein schwarz-rotes Abzeichen zum Vorschein. Ein Kreuz in einem Kreis. Wohlmeinend könnte man es mit einem Halteverbotsschild in Schwarz-Rot vergleichen. Es erinnert aber durchaus an ein abgerundetes Hakenkreuz. Es ist das Symbol der DPNI, der „Bewegung gegen illegale Immigration". Kyrillow ist seit einem Jahr Mitglied. Ob er ein Faschist sei, wollen wir wissen. „Einige nennen Putin einen Faschisten, andere nennen die Liberalen so. Das ist ein total verwaschener Begriff." Das hält ihn jedoch nicht davon ab, das Wort selbst zu verwenden. Kürzlich sei eine Kundgebung der DPNI von der Antifa überfallen worden. „Die nennen sich aber nur Antifa, in Wirklichkeit sind das antirussische Faschisten." Faschisten sind immer die anderen.

Der Chef der Sankt Petersburger DPNI kommt, schüttelt Hände und versucht sich in einer Begriffsklärung. „Faschismus? Wir sind Nationalisten. Daran ist aber nichts Schlimmes." Er heißt Andrej Kusnezow, ist schlank, trägt einen kantigen Haarschnitt zu markanten Wangenknochen. An seinem Handgelenk baumelt eine schwarze Herrenhandtasche. „Ein Nationalist ist jemand, der sein Volk liebt und der die Interessen seines Volkes über wirtschaftliche Ziele stellt. Einem Nationalisten ist das Volk wichtiger, als Kohle zu verdienen oder sich auf irgendeinem Sessel der Macht festzusetzen. Das tun nur Faschisten. Faschisten halten sich für etwas Besseres, weil sie sich mehr Kohle unter den Nagel gerissen haben als andere. Sie glauben, dass die anderen aussterben oder sich wie Sklaven unterordnen müssen. Das ist Faschismus."

Kusnezow ist Informatiker und testet in einer privaten Firma Computerprogramme. Seit seinem Studium ist er politisch aktiv. Er ist nicht verheiratet, hat keine Kinder, keine Familie. „Der moderne Nationalist hat eine gute Arbeit, eine gute Ausbildung, er weiß, was er will, und er ist sich seiner Sache sicher. Unsere Bewegung hat jetzt die Aufgabe, die braven Bürger auf ihre Seite zu bringen. Wir brauchen gut ausgebildete Leute, die mit klugen Worten ihre Position darlegen können und anderen als Vorbild dienen." Die DPNI fordert dazu auf, fremd aussehende Nachbarn bei der Polizei anzuschwärzen. Und sie ruft ihre Anhänger auf, sich zu bewaffnen. „Die Bürger müssen sich selbst verteidigen. In vielen Städten treiben ethnische Banden ihr Unwesen. Die Miliz beschützt uns nicht. Die Bürger sollen Gruppen bilden und Widerstand leisten."

Ein weiterer junger Mann gesellt sich dazu. Er stellt sich als Sergej vor. Den Nachnamen möchte er nicht nennen. „Könnte sein, dass die Polizei sich für mich interessiert." Sergej ist Mitglied der Russischen Nationalen Einheit (RNE). Sie tritt für eine neue, russische Weltordnung ein und ruft offen zum Krieg gegen andere

Nationen auf. Die RNE wurde in mehreren Regionen verboten, aber die Mitglieder machen trotzdem weiter. Auch ein paar ultraorthodoxe Christen kommen zur Kundgebung. Einer ist Juri. Er ist zwanzig Jahre alt und studiert Psychologie. Durch die Finger der rechten Hand lässt er eine Gebetskette laufen. „Für den orthodoxen Glauben, für den christlichen Glauben ist die Immigration sehr gefährlich", behauptet er. Sein Blick ist sanft, und die Wirkung wird von seinen blonden Locken noch verstärkt. Doch der Eindruck täuscht. Juri gehört eindeutig zu den geschätzt drei bis fünf Prozent, die Leonid Lwow in seinen Toleranzseminaren auch mit den besten Argumenten nicht erreichen kann. „Es gibt so einen Begriff, der im Westen gerade sehr populär ist: Toleranz", erklärt der 19-Jährige. „Leider findet der Begriff auch bei uns Anhänger. Aber im Russischen gibt es ein anderes Wort: Terpimostj, Duldsamkeit. Toleranz heißt: Du verschließt die Augen vor den Mängeln des anderen und lebst mit ihm friedlich zusammen. Duldsamkeit heißt, du nimmst die Mängel des anderen wahr und bringst ihn dazu, sich der Mehrheit anpassen. Notfalls mit Gewalt. Ich habe deshalb schon mal einen Homosexuellen aus dem Bus geworfen." Homosexualität sei eine Krankheit, glaubt Juri.

Wir hören das in Russland immer wieder. Auch der Argwohn gegenüber Toleranz wird mit den Jahren ein Dauerthema. Viele Russen sind überzeugt, dass Europa, besonders Deutschland, seine Traditionen, seinen Wohlstand und seine Sicherheit ohne Not aufs Spiel setzt, indem es Ausländer, vorzugsweise Muslime, ins Land lässt. Die Propagandamaschine wird diese rassistisch gefärbte und undifferenzierte Falschdarstellung der Verhältnisse im Westen in den folgenden Jahren gezielt verbreiten. 2006 ist das noch nicht der Fall, aber der Sankt Petersburger Nationalistenführer Andrej Kusnezow von der DPNI darf seine kruden Gedanken bereits in einem Sankt Petersburger regionalen Fernsehsender kundtun. Niemand stellt ihm kritische Fragen. Im Anschluss singt Schanna

Bitschewskaja ihren Ohrwurm „Wir sind Russen“. Dazu flimmern Schlachtszenen aus alten Spielfilmen über den Bildschirm. Tataren stürmen mit Spießen und Schwertern auf die Russen zu, Napoleons Armee dringt nach Osten vor. Dazwischen Bilder von Panzern und sowjetischen Raketen, der Patriarch der Russisch-Orthodoxen Kirche, Zwiebeltürme und Ikonen. Und immer wieder der Refrain: „Wir werden uns trotz allem von den Knien erheben.“

Einige der nationalistischen Organisationen und Parteien werden im Laufe der Zeit verboten, nicht nur die DPNI. Ihre Gedanken bleiben. Ebenso die Akteure. Die rassistischen Übergriffe nehmen zu.

Das russische Staatsfernsehen, die Hauptinformationsquelle der meisten Russen, spielt dabei eine unrühmliche Rolle. Als im Dezember 2010 mehrere Tausend Fußballfans das Zentrum der Hauptstadt in einen Kriegsschauplatz verwandeln, berichtet es live. Zunächst fliegen Flaschen und Steine. Anlass ist der Mord an einem Fan von Spartak Moskau. Er ist wenige Tage zuvor von einem Kaukasier erschossen worden. Der Hauptverdächtige hat gestanden, spricht allerdings von Notwehr. Der Richter hat ihn bis zur Verhandlung auf freien Fuß gesetzt, so sieht es die Strafprozessordnung vor. Die Nationalisten unterstellen Bestechung. In kleinen Gruppen jagen sie Menschen mit südländischem Aussehen durch die Straßen, brüllen „Einer für alle“, „Vorwärts, Russen!“, „Russland den Russen!“ und „Moskau nur für Moskauer!“. Auch in der Metro sorgen die Hooligans für Angst. Sie springen in die Wagen, brüllen „Waggon für Weiße“ und verprügeln jeden, der nicht ihrem Bild vom slawischen Herrenmenschen entspricht. Die Hatz geht später am Stadtrand weiter. Dutzende Verletzte werden ins Krankenhaus eingeliefert. Ein Kirgise wird erstochen, ein Aserbaidschaner angeschossen und ein Usbeke schwer verletzt.

Swetlana Gannuschkina von der später mit dem Friedensnobelpreis ausgezeichneten Menschenrechtsorganisation Memorial beobachtet in diesen Wochen täglich solche Angriffe rechtsextremer Gruppen. „In der Metro greifen sie sich Einzelne heraus, fragen sie nach ihrer Nationalität. Manchmal wird dann auch jemand zusammengeschlagen. Sie schreien herum, in einer Fäkalsprache, die ich nicht wiederholen möchte", sagt sie 2011 dem *Deutschlandfunk*. Die Milizionäre vor der Metrostation interessiere das alles nicht weiter. „Die haben mir nur gesagt: ‚Das findet auf Metrogelände statt, das geht uns nichts an.'" Gannuschkina hat auch den Sicherheitsdienst der Metro angerufen. „Dort wollte der Zuständige wissen, was für faschistische Parolen denn gerufen würden. ‚Russland den Russen!' zum Beispiel, habe ich geantwortet und zurückgefragt: Oder ist das vielleicht keine faschistische Parole?! Er hat eine Pause gemacht. Ich habe nachgelegt: Und wenn da gebrüllt würde ‚Deutschland den Deutschen!'? Da hat er sofort geantwortet: Das wäre faschistisch."

Man könnte lange darüber diskutieren, welche Rolle die Polizisten am Scheitern des Rechtsstaats in Russland haben. Wie viele Polizisten mit rechtem Gedankengut sympathisieren, ist unklar. Zweifellos sind etliche von ihnen zu diesem Zeitpunkt schlecht ausgebildet, schlecht ausgerüstet, bekommen ein schlechtes Gehalt, was sich später ändert, weil Putin immer mehr Geld in Polizei, Geheimdienst und Armee steckt. Gannuschkina erzählt nach den Ausschreitungen in der Metro, ein Beamter habe sich ihr anvertraut: Er greife lieber nicht ein, weil er Angst habe, selbst verletzt zu werden. Er habe keine Krankenversicherung.

2013 versagt die Polizei erneut. Wieder ist ein Mann ermordet worden, dieses Mal auf einem Lebensmittelgroßmarkt im Moskauer Randbezirk Birjuljowo. Schnell heißt es, der Täter sei Kaukasier. Auf den Märkten in Moskau arbeiten viele Kaukasier und Zentralasiaten. Als die Polizei nach mehreren Tagen keinen Tatverdächtigen präsentiert, fordert die Menge, die örtliche Polizeiführung abzulösen. Unter dem Druck der Straße lobt der Moskauer Polizeichef ein Belohnung von einer Million Rubel für Hinweise auf den Täter aus und heizt die Lage damit erst richtig an. Hunderte Menschen versuchen zunächst, ein Einkaufszentrum zu stürmen, dann fallen sie über den Gemüsegroßmarkt her. Anwohner schließen sich dem Mob an, selbst Paare mit kleinen Kindern marschieren mit. Im Laufe des ersten Tages nimmt die Polizei rund vierhundert Randalierer fest. Am Morgen danach durchkämmen Polizisten den Markt nach Illegalen und tun damit genau das, was der Mob fordert. Bei ihrer Großrazzia nehmen sie rund 1200 Menschen vorübergehend fest, zumeist Zentralasiaten. Die Männer müssen sich in Reihen hintereinander aufstellen, die Hände jeweils auf den Schultern des Vordermanns.

„Die Bilder, wie sie in Kolonnen durch die Straßen geführt werden, wecken bei den Menschen hier vor allem eine Assoziation: In sowjetischen Filmen werden so deutsche Kriegsgefangene nach dem Zweiten Weltkrieg durch die Straßen geführt", erläutert der Rechtsextremismusexperte Alexander Werchowski damals. „Die Fernsehbilder haben eine fatale Wirkung. Die Macht zeigt damit, dass auch sie Migranten für Feinde hält", sagt Werchowski. „Das verschiebt bei den gewöhnlichen Leuten die Vorstellung darüber, was zulässig ist und was nicht." „Die Macht", auf Russisch Wlastj, ist ein in Russland weitverbreiteter Begriff. Auf Deutsch könnte man auch von der Obrigkeit sprechen. Die Menschen in Russland bezeichnen damit diffus die Regierenden und die Behörden, von denen sie meinen, sie nicht beeinflussen zu können. Der Begriff steht auch für eigene Machtlosigkeit.

Die rund vierhundert fremdenfeindlichen Randalierer sind schon am nächsten Tag fast alle wieder auf freiem Fuß. Lediglich gegen zwei von ihnen wird Anklage erhoben, wegen Massenunruhen. Der bekannte Nationalist Dmitri Djomuschkin,

Organisator des jährlichen Russischen Marsches am 4. November, brüstet sich, Proteste wie die in Birjuljowo seien die einzig wirksame Methode, die Behörden dazu zu bringen, gegen illegale Migration vorzugehen. Er bleibt damit nicht allein. Alexej Nawalny, zu diesem Zeitpunkt bereits als Kämpfer gegen Korruption bekannt, initiiert eine Petition für eine Visapflicht für Staatsbürger der zentralasiatischen und der Südkaukasusstaaten.

Die Razzien der Polizei gehen weiter, stets begleitet von Fernsehkameras. Auch systemtreue Politiker verfallen in hektischen Aktionismus. Abgeordnete der Duma reichen zahlreiche Gesetzesentwürfe ein, um die angeblich bedrohliche Migration einzudämmen. Einer sieht vor, Banküberweisungen von Gastarbeitern in ihr Heimatland mit fünfzig Prozent zu besteuern. Ein anderer verlangt, dass Migranten beim Grenzübertritt nach Russland eine Kaution hinterlegen müssen, mit der später ihre Abschiebung finanziert werden kann. Das Parlament lädt den Innenminister und den Leiter der Migrationsbehörde ein.

Der Abgeordnete Michail Degtjarjow von den rechtsextremen sogenannten Liberaldemokraten schlägt vor: „Die Aggressivität und der Rechtsnihilismus einiger südlicher Völker stellen eine reale Gefahr für das Leben und die Gesundheit der Mitarbeiter der Migrationsbehörde und der Polizisten dar. Wenn man im Fernsehen sieht, wie diese in ihren roten Westen, bewaffnet nur mit Dienstausweisen, Razzien durchführen, löst das bei mir Mitleid aus. Kann man nicht eine starke, bewaffnete und mit schutzsicheren Westen ausgestattete Sondereinheit der Migrationsbehörde schaffen, um die Märkte und Großmärkte von solchen aggressiven Illegalen zu säubern?“ Der Leiter der Behörde, Konstantin Romodanowski, schüttelt den Kopf: Das sei nicht rentabel. „Wir arbeiten bereits mit der Innenbehörde zusammen. Wenn Bedarf besteht, rufen wir die Sondereinheit OMON, die kommt immer.“

In Moskau erledigen Zentralasiaten die Drecksarbeit, für die sich sonst niemand findet. Sie verstauen Einkäufe in Supermarkttüten, feudeln die Flure der Einkaufszentren, putzen Klos, hacken Eis auf den Bürgersteigen, zwölf bis vierzehn Stunden am Tag, sechs Tage die Woche, mitunter ohne einen einzigen Tag Urlaub im Jahr. Hunderttausende arbeiten so für einen Hungerlohn. Sie dürfen für drei Monate ohne Visa nach Russland einreisen. Viele bleiben länger, arbeiten schwarz und rutschen in die Illegalität. Ihre Chefs nutzen das aus. Kommunale Hausverwaltungen zum Beispiel stellen Hausmeister nicht offiziell ein, sondern beschäftigen Illegale, die dieselbe Arbeit für weniger Lohn machen. Sie bringen sie in Kellerlöchern unter und vermieten die Dienstwohnung, die dem Hausmeister zusteht, anderweitig. Wenn der Betrug aufzufliegen droht, schmieren sie die Polizei. Eine Chance hat nur, wer sich assimiliert. Eine Bekannte kommt aus Dagestan und hat lange in einem exquisiten Schönheitssalon in Moskau gearbeitet. Als sie sich um den Job bewarb, wurde sie nach ihrem Namen gefragt. „Kalimat." Es ist ein ganz gewöhnlicher dagestanischer Name. – „Wie?" – „Kalimat." – „Katja?" – „Nein, Kalimat." – „Also Katja." Fortan hieß sie Katja.

2012 bekommen wir eine E-Mail mit einer Einladung zu einer „Razzia". Wir sollen uns abends an einer Metrostation in Moskau einfinden, dann könnten wir dabei sein, wie „Illegale" aufgespürt werden. Absender ist die Organisation Swetlaja Rus (Helle Rus). An der Metrostation wartet ein Mann mit einem Funkgerät auf die Journalisten. Er stellt sich als Kyrill vor, Physikstudent und Chef von Swetlaja Rus. Eine Kollegin vom französischen Rundfunk kommt noch dazu und ein paar junge Männer, die sich nicht vorstellen. Kyrill bricht auf. Wohin? „In die Bolschaja Grusinskaja Uliza. Anwohner rufen uns an, wenn sie einen Verdacht hegen. Wir gehen dann dort hin, machen eine Razzia und stellen einen Gesetzesverstoß fest. Wir bewegen uns streng im Rahmen des Gesetzes.“ Kyrill eilt mit großen Schritten voraus. An einer Straßenecke stößt ein schlanker Mann mit eingefallenen Wangen und blassem Gesicht dazu: Es ist Igor Manguschew, der Mann, der 2022 den Schädel präsentieren und die Vernichtung aller Ukrainer fordern wird. „Wir sind Jugendfreunde, waren gemeinsam bei der Armee“, stellt Kyrill ihn vor. Manguschew schweigt. Kyrill ist umso gesprächiger. „Wir sind die Zivilgesellschaft, von der alle reden, aktive Bürger. Es herrscht keine Ordnung in unserer Stadt, in unserem Land. Daher tun wir uns zusammen und sorgen für Ordnung.“

Auch in Russland ist Amtsanmaßung strafbar. Doch statt dagegen vorzugehen, unterstützt die Polizei Kyrill und seine Leute sogar. „Es ist nicht unsere erste Razzia“, erzählt er frei heraus. „Wir haben schon Hunderte gemacht, das ist alles gut ausgearbeitet. Sobald wir sehen, dass Leute illegal in einem Keller oder sonst wo wohnen, rufen wir die Polizei und warten, bis sie kommt. Wir dürfen ja keine Papiere überprüfen. Das macht dann die Polizei und nimmt alle fest, die illegal in Moskau sind. Wir wollen, dass unsere Stadt sauber und schön ist. Dass hier ordentliche Leute leben.“

Kyrill und Manguschew eilen mit hochgezogenen Schultern durch eine Unterführung. Noch mehr Männer schließen sich ihnen an, mit dunklen Mützen, festen Stiefeln und strammem Gang. Zwei haben ihr Gesicht mit einem Schal vermummt. Die Gruppe ist auf fünfzehn Mann angewachsen. Schließlich biegen sie in einen Hof ein. Eine Anwohnerin wartet schon. Nina Alexandrowna ist Rentnerin. Freudestrahlend geht die alte Frau auf die Truppe zu. Sie kenne jeden Winkel in dem Hof, erzählt sie. „Bei uns gibt es viele herrenlose Katzen. Wir füttern sie.“ Früher hätten die Katzen im Keller gelebt. Ihre Stimme wird vorwurfsvoll. „Aber jetzt hausen diese Illegalen da.“ Sie habe schon die Polizei alarmiert und auch die Hausverwaltung, aber nichts sei geschehen.

„Diese Leute verbreiten Krankheiten. Das sind Kriminelle. Die stören uns."

„Um wie viele Leute handelt es sich?", fragt Kyrill. „Ich denke, es sind zehn Erwachsene und ein Kind, das geht sogar zur Schule", erzählt die alte Frau. Sie habe schon einen Brief an den Migrationsdienst geschrieben. „Einmal waren Behördenvertreter hier und haben die Leute vertrieben. Aber jetzt wohnen da schon wieder welche. Schon seit zwei Jahren." – „Keine Sorge", sagt Kyrill. „Wir kümmern uns."

Nina Alexandrowna führt die Männer zu einem Kellerabgang. Sie hat einen Schlüssel, aber das Schloss klemmt. Einer der jungen Männer bringt einen Dietrich. Jetzt tritt Manguschew vor. Er entpuppt sich als der Wortführer: „Jetzt schaffen wir Ordnung!"

Unten ist es eng. Ein langer Gang, dann mit Wolldecken abgetrennte Nischen, dahinter Teppiche auf dem Boden, Decken, nackte Heizungsrohre, schwache Glühbirnen. Acht Männer und Frauen hausen hier. Sie bereiten gerade das Abendessen vor. Auf einer Herdplatte steht geputztes Gemüse. Die Luft ist abgestanden. Sie kämen aus Usbekistan, erzählt einer stockend. Er sei seit einem knappen Jahr in Moskau und arbeite als Dachdecker. „Stell dich auf den Gang und warte", fährt ihn Manguschew an. „Los, alle anziehen." Ständig plärren die Funkgeräte des selbst ernannten Ordnungstrupps. Wer mit wem kommuniziert, wird nicht klar. Aber es klingt bedrohlich und wirkt wichtig. Anführer Manguschew wendet sich an die Journalisten: „Ich lass die gleich draußen in einer Reihe antreten. Dann dürfen Sie Fragen stellen."

Auf einmal ist eine blonde Frau unter den selbst ernannten Ordnungshütern. „Ich bin vom Lokalfernsehen", erläutert sie. „Außerdem bin ich eine lokale Nationalsozialistin." Auch sie herrscht die Kellerbewohner an: „Los, alle auf die Straße! Packt eure Papiere ein. Ihr seid hier Gäste. Gäste gehen irgendwann wieder. Nicht trödeln! Je schneller man eingebuchtet wird, desto eher kommt man wieder raus aus dem Knast!" Manguschew spricht in sein Funkgerät: „Bereg an Wolny. Wo steht unsere Brigade?" Den Kampfnamen Bereg behält Manguschew auch im Krieg gegen die Ukraine bei.

Draußen im Hof stellen sich die Männer und Frauen in einer Reihe auf. Einige stehen barfuß mit Schlappen im Schneematsch. Manguschew baut sich vor ihnen auf, leuchtet einem nach dem anderen mit der Taschenlampe ins Gesicht. Darin die blanke Angst. Als einer sich wegdreht, herrscht er ihn an: „Halt, Freundchen, stell dich hier hin. Nerv mich nicht, ich bin heute sehr müde." Nervös zieht er an einer Zigarette. „So, Bürger, nun erzählen wir mal. Wie sind wir hergekommen? Wo arbeiten wir? Wer hat uns hier einquartiert?" Die Migranten schweigen. Manguschew greift sich den jüngsten der Männer heraus. „Was guckst du, kannst du kein Russisch mehr? Dann eben der nächste: Wer hat dich hier untergebracht? Wieso redest du nicht? Herr Gott!"

Erst jetzt ruft er die Polizei. „Gewöhnlich hängt man erst mal in der Warteschleife ..."

Unterdessen zählt ein anderer die verängstigten Menschen durch: „Ras, dwa …" Es sind und bleiben acht. Manguschew erreicht die Polizei. „Guten Tag. Kommen Sie bitte in die Bolschaja Grusinskaja Nummer 56. Im Keller leben komische Leute aus Zentralasien. Ergreifen Sie Maßnahmen … Ja, in die Bolschaja Grusinskaja Nummer 56. Am besten vom Hof aus. Ich warte auf Sie … Manguschew, Igor Leonidowitsch … Sehr gut, wir warten auf Sie."

Er zündet sich die nächste Zigarette an. Erneut leuchtet er einem nach dem anderen mit der Taschenlampe ins Gesicht. Plötzlich brüllt er: „Bürger Zentralasiens! Dort ist eine prima Müllgrube! Ihr packt jetzt alle Sachen, die ihr braucht, hier hin. Alles, was ihr nicht braucht, bringt ihr auf den Müll. Die bemerkenswerten jungen Leute, die mir heute helfen, kontrollieren das. Eure Aufgabe ist, das maximal schnell, maximal effektiv zu machen. Vorwärts!" Jetzt mischt sich die Journalistin aus Frankreich ein. Ob er nicht vielleicht warten sollte, bis die Polizei da ist? „Sie sind ja kein Polizist", schiebt sie nach. Manguschew zuckt mit den Achseln: „Die Polizei wird lange brauchen, bis sie hier ist. Wir können die Zeit schon mal nutzen. Los Leute! Voran!" Die „lokale Nationalsozialistin" wendet sich direkt an die Zentralasiaten: „Euretwegen brennt es hier dauernd."

Die Zentralasiaten frieren weitere eineinhalb Stunden, bis endlich die Polizei eintrifft. Die bedankt sich und nimmt die acht mit auf die Wache. Die meisten sind legal in Moskau und dürfen später wieder gehen. Mit dem, was von ihrem spärlichen Habe übrig ist, müssen sie sich eine neue Bleibe suchen.

„Swetlaja Rus ist Teil der aktiven Zivilgesellschaft", erläutert Juri Moskowski, Mitglied im Gesellschaftsrat der Migrationsbehörde, ein paar Tage später. „Diese Leute versuchen, die Migration in die richtige Richtung zu lenken. Was sie machen, ist nicht verboten. Solange sie nicht gegen Gesetze verstoßen, sehe ich darin nichts Schlechtes."

Verstoßen sie wirklich nicht gegen Gesetze? „Das Gewaltmonopol liegt beim Staat", sagt die Menschenrechtlerin Swetlana Gannuschkina. „Es ist bereits Gewalt, wenn die jungen Leute die Migranten bedrohen." Trotzdem setzt der Staat zunehmend auf Bürgerwehren. 2012 hat die Moskauer Stadtregierung angeordnet, dass drei- bis vierhundert Freiwillige der Migrationsbehörde im Kampf gegen illegale Gastarbeiter helfen sollen. Sie patrouillieren auf Baustellen, Märkten, Bahnhöfen. Für drei bis vier Einsätze im Monat erhalten sie kostenlose Fahrkarten für den öffentlichen Nahverkehr. Menschenrechtler bewerten den Schritt als äußerst fragwürdig. Sie fürchten, dass die Patrouillen der ohnehin verbreiteten Fremdenfeindlichkeit weiter Vorschub leisten.

Genau das geschieht. Denn in den Bürgerwehren sammeln sich Nationalisten, Rassisten, selbst ernannte Ordnungshüter wie die Kosaken. Sie patrouillieren an Bahnhöfen, am Kreml, auf der Promenade von Sotschi während der Olympischen Winterspiele von 2014. Die Kosaken tragen Fellkappen und Uniformhosen, sind mit Peitschen bewaffnet und setzen diese auch ein. In Sotschi verprügeln sie damit die Aktivistinnen der Performance-Gruppe Pussy Riot, als die einen Song „Putin bringt dir bei, dein Vaterland zu lieben" anstimmen. Die Frauen kreischen vor Schmerz, die Kosaken pöbeln, schubsen, schlagen und illustrieren damit den Inhalt der Performance.

Der Rechtsextremismusexperte Alexander Werchowski macht die „antifaschistische" Erziehung der Sowjetunion dafür verantwortlich, dass die russische Bevölkerung überhaupt nicht weiß, was Faschismus ist: „Wir haben sehr viel darüber geredet, wie schlecht der Faschismus ist, aber uns wurde fast nichts erklärt. Der Holocaust kam in sowjetischen Schulen so gut wie nicht vor. Uns wurde gesagt, die größten Vergehen Hitlers waren, dass er die Sowjetunion überfiel und die Kommunisten verfolgte. Aus der Sicht eines sowjetischen Schülers waren das natürlich große Vergehen, aber daraus konnte man keinerlei Schlüsse ziehen. Wir wurden zu Sowjetzeiten überhaupt nicht gegen nationalistische Stimmungen geimpft."

Dazu kommt, dass in einem Land, das sich sozialistisch nannte und vorgab, den Nationalismus überwunden zu haben, nicht sein konnte, was nicht sein durfte.

Mit dem Beginn von Putins dritter Amtszeit 2012, der Besetzung der Krim 2014 und dem Krieg gegen die Ukraine im Donbass im selben Jahr wird Nationalismus zum elementaren Bestandteil russischer Regierungspolitik.

Die Wissenslücken der Menschen sorgen dafür, dass sie der staatlichen Propaganda glauben und die Ukraine als faschistisch betrachten, obwohl sie das nicht ist. In den Krieg gegen diese angeblich faschistische Ukraine schickt Russland 2022 überproportional viele Angehörige ethnischer Minderheiten. Besonders viele kommen aus Burjatien an der Grenze zur Mongolei, einer der ärmsten Gegenden Russlands. Alexandra Garmaschapowa wartet darauf, dass sich kleine Völker Russlands wie die Burjaten mit der Ukraine solidarisieren. Schließlich seien die einen wie die anderen Opfer des russischen Chauvinismus. Garmaschapowa kommt selbst aus Burjatien, hat Russland aber vor Jahren verlassen. Von Prag aus leitet sie die Organisation Freies Burjatien, versucht, Landsleuten bei der Flucht aus der Armee zu helfen. „Warum sollen sie für die Moskauer sterben? Die Ukrainer kämpfen für das Recht, Ukrainer zu sein, keine Russen. Genauso haben die nationalen Minderheiten in Russland das Recht, sie selbst zu sein: Baschkiren, Tataren, Karelier, Tschuwaschen, Udmurten, Burjaten, Tschetschenen, Inguschen ... Sie sind keine Russen. Die Russen, die imperial denken, müssen begreifen, dass alle Menschen gleich sind. Dass sie nicht besser sind als die Ukrainer. Sie sind auch nicht besser als die Burjaten oder die Kasachen. Sie sind Menschen wie alle anderen. Erst, wenn sie das begreifen, hat Russland eine Perspektive."

3. Sie brauchen einen Führer – Putins jugendliche Machtressource

Sommer 2005. Fünfzig junge Menschen in weißen Hemden bevölkern den Park in Wladimir Putins Residenz Nowo-Ogarjowo westlich von Moskau. Sie essen Schaschlik, Fisch und Gemüse vom Grill, übergießen die Speisen mit Granatapfelsoße, kauen Piroggen. Dazu gibt es Kaffee und Tee. Sie warten. Nach einer Stunde kommt Putin dazu. Er trägt ein kurzärmliges kariertes Hemd: „Danke, dass Sie vorbeigeschaut haben." Dann setzt er sich locker und leicht breitbeinig auf einen Hocker, seine Fans platzieren sich im Halbkreis um ihn herum. „Ohne Zweifel werden Sie in der Lage sein, die Situation im Land zu beeinflussen", versichert Putin der aufgedrehten Schar junger Anhänger.

Die jungen Menschen sind Funktionäre der frisch gegründeten Naschi – die Unsrigen –, einer Art Putin-Jugend. Seine Machtreserve. „Ich bin mir da sicher: Wenn Sie organisiert sind, können Sie der Führung des Landes, der Gesellschaft und dem Staat helfen." Putin lobt den positiven Einfluss, den die Naschi bereits auf Russland hätten, spricht über den Beitritt Russlands zur Welthandelsorganisation, über die Beziehungen zu anderen ehemaligen Sowjetrepubliken. Und er dankt den Naschi für ihre Aktion zum 60. Jahrestag des Sieges am 9. Mai. Da schafften es die Funktionäre der erst wenige Wochen alten Organisation, eine Demonstration mit 50 000 Teilnehmern auf die Beine zu stellen.

Die regierungsnahen Fernsehsender übertragen Putins Treffen mit den Naschi. „Das Bildungssystem muss den Bedürfnissen der heutigen Zeit angepasst werden", sagt Putin, und die junge Schar nickt. „Werden Sie eine Union von Russland und Weißrussland gründen?", möchte einer wissen. „Ich denke, das hängt in erster Linie von Weißrussland ab", antwortet Putin.

Der Zweck der Naschi ist, das Leben junger Russen mit dem Schicksal Putins zu verknüpfen, ihnen eine Perspektive vorzuspiegeln. Das erzeugt Dankbarkeit und macht abhängig von kontrollierten Karrierenetzwerken. Je mehr Menschen zu verlieren haben, desto eher werden sie mithelfen, dass Putin an der Macht bleibt.

In Europa geht zu dieser Zeit ein Geist um. Es ist der Geist der friedlichen Revolutionen Ende der 80er Jahre. Im Jahr 2000 haben Studenten in Serbien den Diktator und Kriegsverbrecher Slobodan Milošević gestürzt. Drei Jahre später taten Studenten in Georgien das Gleiche mit ihrem greisen Präsidenten Eduard Schewardnadse, dem letzten Außenminister der Sowjetunion. 2004 folgte die Ukraine. Hunderttausende gingen in der Hauptstadt Kyjiw auf die Straße. Anlass war eine gefälschte Präsidentenwahl. Prorussische Oligarchen wollten ihren Kandidaten mit allen Mitteln durchsetzen. Sein reformorientierter Konkurrent wurde mit Dioxin vergiftet und überlebte schwer entstellt. Die Demonstranten schlugen Zelte auf. Wochenlang harrten sie bei Schnee und Regen aus. Die Wahl wurde wiederholt, der Reformer gewann. Die friedliche Revolution bekam einen Namen: orangefarbene Revolution. Und in Moskau, bei Putin, schrillten Alarmglocken: Ausgerechnet die Ukraine. Das Virus der Freiheit könnte sich unkontrolliert auf Russland ausbreiten. Das darf nicht geschehen. Vor den Volksbewegungen, den sogenannten „orangefarbenen" oder „farbigen Revolutionen", hat Putin mächtig Angst.

Die Naschi sind die jugendliche Gegenbewegung für den Fall der Fälle. Und während eine Zeitung „Putin traf sich mit Antifaschisten" titelt, sprechen Oppositionelle längst von „Naschisten". Die Naschi tragen rot-weiße Kleidung und knüpfen an Bekanntes an. In der Sowjetunion waren die meisten Jugendlichen

Mitglied im Komsomol, der Jugendorganisation der Kommunistischen Partei der Sowjetunion (KPdSU). Die Naschi geben sich nicht nur wie eine Fortführung des Komsomol; ihre Funktionäre heißen Kommissare. Politkommissare waren in der Roten Armee für die Erziehung zu sozialistischen Persönlichkeiten zuständig. Sie waren sogar befugt, Befehle von Kommandeuren aufzuheben, wenn sie diese nicht im Einklang mit der Linie der Kommunistischen Partei wähnten.

Zwei Jahre nach dem Treffen mit Putin sind die Naschi längst fester Bestandteil von Putins Machtgefüge. Es ist spät am Abend im Herbst 2007, und in ihrem Hauptquartier in einer ehemaligen Grundschule in Moskau herrscht reges Treiben. Eine Massowka steht an, eine Massenaktion. In wenigen Wochen sind Parlamentswahlen, im März 2008 folgt dann die Präsidentenwahl. Die Wände hängen voller Schnappschüsse von fröhlichen jungen Menschen. Auf den roten Treppenstufen ist „Vorwärts, Russland" und „Vorwärts, Generation Putin" zu lesen. Auf dem Flur sitzen zwei junge Frauen auf Hockern und telefonieren Listen ab, um zu mobilisieren. Eine heißt Julia und studiert. „Die Liste ist ganz schön lang. Aber wir sind viele, und das eint uns. Ich bin an meinen freien Tagen immer hier. Mir gefällt es hier. Hier kann ich etwas Sinnvolles für unser Land tun."

Die Naschi sind zu dem Zeitpunkt nach eigenen Angaben auf 100 000 Mitglieder angewachsen. Journalisten stellen sie eine Pressebetreuerin zur Seite. Irina Anissimowa ist 21 und von Anfang an dabei. „Wir müssen auf den Straßen und Plätzen die Unabhängigkeit Russlands verteidigen. Es besteht die Gefahr farbiger Revolutionen nach dem Muster der Ukraine oder Georgiens, und wir müssen dafür sorgen, dass Russland einig und unbesiegbar bleibt." Kaum hat sie angefangen zu sprechen, umringen sie ein paar Zuhörer, nicken zustimmend. Es sind immer die gleichen Textbausteine, die die Unsrigen von sich geben. „Naschi ist eine moralisch sehr anspruchsvolle Bewegung. Bei uns herrscht absolutes Alkoholverbot. Die Kommissare und Mitglieder trinken nicht. Jeder Mensch muss getreu seiner Moral in seiner nationalen Kultur leben."

An einer Pinnwand hängen die Broschüren der Naschi. Sie heißen „Freiwillige Jugendwehr", „Ideologie" und „Russland, unser Megaprojekt". Die Broschüren sind inhaltlich äußerst kreativ gestaltet. Ein bisschen so wie die Nachrichten im Staatsfernsehen. So lernen die Unsrigen, das Nachbarland Georgien sei eine „amerikanische Militärbasis". Das Foto eines Militärfahrzeugs soll das belegen. Man muss nicht mal genau hinsehen, um das „Y" und die deutsche Fahne an der Antenne zu erkennen. Auch die Aufschrift KFOR, Kosovo Force, ist gut zu lesen. Es ist ein Jeep der Bundeswehr im Kosovo. Die Bildunterschrift heißt: „Georgien 2006". Zwischen Foto und Bildunterschrift liegen etwa 2500 Kilometer Luftlinie. Richtig ist, dass Georgien sich um enge Beziehungen zur NATO bemüht. Schon das bringt die Naschi auf. Sie betrachten Georgien als russisches Einflussgebiet, in dem Russland automatisch Regeln bestimmen kann.

Die Naschi sind im Dauerwahlkampf: „Kasparow zum Beispiel will ein anderes Russland, ein liberales Russland, damit Russland wieder seine Rohstoffe an Europa verschenkt. Das ist Faschismus: das Land für Kopeken zu verkaufen", erläutert Anissimowa. Der ehemalige Schachweltmeister Garri Kasparow ist 2007 einer der Oppositionsführer. 2005 schlug ihm einer der Naschi bei einer Veranstaltung ein Schachbrett auf den Kopf. Eine Woche vor der Parlamentswahl wird Kasparow während einer der wenigen Großdemonstrationen der russischen Opposition festgenommen und muss fünf Tage in Polizeigewahrsam. Angeblich hat er sich der Staatsgewalt widersetzt. Westliche Regierungen protestieren. Die Naschi finden derlei Kritik aus dem Ausland ungerechtfertigt. „Putin ist gut für Russland, wer gegen Putin ist, ist gegen Russland und damit Faschist", so einfach ist das für Anissimowa und ihre Mitstreiter.

Diskussionen und Streit um die besseren Argumente, der Ausgleich unterschiedlicher Interessen sind vielen Russen unbekannt, schüren Angst vor instabilen Verhältnissen und einem Zusammenbruch der Lebensmittelversorgung wie in den 90er Jahren.

Auch Andrej Bogdanzew ist spät am Abend noch schwer beschäftigt. Er ist bei dem Treffen 23 Jahre alt und leitet die Abteilung Naschi Profi. Das ist eine Art Mini-Personalagentur, die Praktika und Jobs für Mitglieder der Naschi vermittelt. Dreißig Leuten hätten sie in diesem Jahr eine Arbeitsstelle verschafft. Darauf ist er stolz. „Die personelle Modernisierung des Landes ist eine Aufgabe unserer Bewegung", erläutert er, „so steht es in unserem Manifest. Wir wollen den derzeitigen Beamtenapparat durch junge Menschen mit einem neuen Denken ersetzen. Junge Menschen, die es als ihre Pflicht ansehen, den Staat voranzubringen. Wir wollen keine Funktionäre." Seit Kurzem hat er selbst einen Job im Bildungsministerium. Den hat er dank seines Engagements für die Naschi bekommen. Er schaut auf sein Telefon. Das liegt neben einem Deospray auf seinem Schreibtisch und klingelt. „Meine Oma", sagt er, „da muss ich rangehen." Wann er denn endlich nach Hause komme. „Das weiß ich noch nicht. Wartet nicht auf mich. Ich muss hier noch arbeiten."

Wer bei und mit den Naschi etwas werden möchte, muss mehrere Theorieseminare absolvieren. Darin wird der künftigen nationalen Elite die richtige patriotische Einstellung beigebracht. Die Kurse heißen: „Technologie sozialer Manipulationen", „Der russische Weg", „Rhetorik" oder „Leadership". „Unser Ziel ist der nationale Manager", sagt Bogdanzew. „Aus unserer Sicht muss jeder Staatsbeamte vor allen Dingen Führer, Patriot und Profi sein." Die Naschi vermitteln nicht nur Jobs in den Behörden, erläutert er: „Wir arbeiten mit den großen nationalen Konzernen: Gazprom,

Lukoil und deren Tochterunternehmen. Also mit Energiekonzernen. Denn sie bestimmen die Wirtschaft Russlands, Russlands Einfluss auf der Weltbühne und in weiten Teilen auch die Politik unseres Staates." Zehn Praktika würden sie jeden Monat vermitteln. Um so einen Platz zu bekommen, müssten die Mitglieder aber solche Kurse belegt haben. „Ein national orientierter Manager denkt an seine soziale Verantwortung", erläutert Bogdanzew, „das bedeutet zum Beispiel, alle Steuern auch wirklich zu zahlen. Das bedeutet, Gewinne in Russland zu investieren, anstatt sie auf Auslandskonten zu überweisen. Wir bringen unseren Leuten nahe: Ihr müsst zuallererst ehrlich arbeiten und die russischen Gesetze einhalten. Damit macht ihr das Land stark."

Bogdanzews Vorbild ist der Gründer der Naschi, Wassili Jakemenko. Der ist im Herbst 2007 36 Jahre alt und leitet einen staatlichen Ausschuss für Jugendangelegenheiten. Die Naschi sind bereits die zweite Jugendorganisation, die er für Wladimir Putin gegründet hat. Seine Karriere ist unmittelbar an die von Putin gekoppelt. Kaum war dieser im Januar 2000 an der Macht, begann Jakemenko, in der Präsidialverwaltung zu arbeiten. Wenige Monate später hob er die Iduschtschije Wmeste aus der Taufe – die Gemeinsam Gehenden –, die erste Organisation, die die Jugend an Putin binden sollte. Die Mitglieder initiierten bald Aktionen gegen zeitgenössische Schriftsteller und Musiker. 2002 bauten sie ein riesiges Klo vor dem Bolschoi-Theater auf, um die Bücher des Kultautoren Wladimir Sorokin hineinzuwerfen. Dann reichten sie auch noch Klage wegen Pornografie gegen den Schriftsteller ein.

Die Mächtigen waren mit den Gemeinsam Gehenden nicht zufrieden. Zu wenige Mitglieder, zu wenig Wirkung. Putin und die Seinen wollten eine Organisation, die junge Menschen davon abhält, ähnlich wie ihre Altersgenossen in anderen Ländern einen Systemwechsel zu fordern. Putin brauchte eine Bewegung, die eine Modernisierung der Gesellschaft verspricht, eine, die sich modern, gesund und patriotisch gibt. Eine Bewegung, die junge Menschen neutralisiert.

Die Naschi setzen gemeinsam mit der Regierungspartei Einiges Russland fort, was die Kommunistische Partei mit ihren Massenorganisationen in der Sowjetunion betrieben hat: Wer etwas werden will, muss mitmachen. Das Ziel ist, dass Jugend- und Parteikader alle Bereiche der Gesellschaft durchdringen. Demokratie lebt vom Mitmachen. Diktatur auch. Die meisten Naschi sind aus Eigennutz dabei, erläutert die Soziologin Natalja Sorkaja vom Lewada-Zentrum, einem unabhängigen Meinungsforschungsinstitut, 2007: „Erfolg messen sie ausschließlich materiell. Für sie zählen Wohlstand und finanzielle Unabhängigkeit von den Eltern. Sie suchen Jobs in der Wirtschaft, bei denen sie möglichst viel Geld verdienen." Sorkaja spricht von einer Identitätskrise der Jugendlichen. „Sie wären gern stolz auf ihr Land und sich. Doch dieser Stolz nimmt immer hässlichere Formen an. Es geht darum, zu beweisen, dass wir besser und stärker als alle anderen sind, und dass wir recht haben. Die russischen Jugendlichen waren schon in den 90er Jahren für die allerfinstersten und primitivsten Komplexe des Sowjetbewusstseins empfänglich. Für antiwestliche Stimmungen, für Fremdenfeindlichkeit und Nationalismus." Sorkaja ist besorgt, dass die Machthaber das ausnutzen. „Die Jugend ist eine politische Ressource der Putin-Regierung."

Die Aussicht auf Karriere sorgt dafür, dass auch in der Provinz viele Jugendliche bei den Naschi mitmachen. Zum Beispiel in Woronesch. Etwa eine Million Menschen leben dort. Die Straßen heißen nach Lenin und den „Werktätigen". Als wir 2007 nach Woronesch reisen, erwarten wir keine reiche Stadt. Dass aber täglich für mehrere Stunden das Wasser abgestellt wird, überrascht uns doch.

In Städten wie Woronesch dürsten die Menschen seit Jahrzehnten nach einer Perspektive, nach einem Sinn. 2007 hat die Kreml-Jugend Naschi dort auch eine Arbeitsvermittlung für

Jugendliche gegründet. Sie heißt Lenta, auf Deutsch Filmrolle, und verspricht jungen Leute, Träume zu erfüllen. Damit das klappt, haben die örtlichen Naschi einen Vortrag im „Haus des Schauspielers“ organisiert. Etwa 150 junge Menschen sind gekommen, die meisten im Publikum studieren. Sie wurden von ihren Dozenten zu der Veranstaltung geschickt. Der Generaldirektor einer lokalen Möbelfirma spricht und hebt auch gleich den Zeigefinger: „Lernen, lernen, lernen! Sie müssen Ihre Arbeit lieben!“ Als Gegenleistung müssen die jungen Leute anschließend an einer Massenkundgebung zur Unterstützung Putins auf dem Leninplatz teilnehmen.

Dort treten etwa eine Stunde später die Funktionäre der Naschi im Gleichschritt und in der obligatorischen rot-weißen Kleidung ans Mikrophon. Einige Hundert Jugendliche schwenken Fahnen:

„Ich bin Tatjana. Ich leite die junge Freiwilligengarde! Wir werden in der Stadt für Ordnung sorgen!“

„Ich bin Nikita. Ich leite die demografische Abteilung! Ich stelle meine Mannschaft so zusammen, dass es modern wird, drei Kinder zu haben!“

„Ich bin Irina, Leiter der Kulturabteilung. Ich werde dafür sorgen, dass die russische Kultur zum Maßstab für die ganze Welt wird!“

„Ich bin Michail. Leiter der Abteilung Patriotismus. Wir lassen nicht zu, dass Russland seine Vergangenheit vergisst!“

„Hallo Jugend! Ich heiße Irina Kreschowa. Ich baue eine Schule für russischen Journalismus auf. Wir machen unsere eigene Starfabrik!“

Die Medizinstudentin Tanja steht mit zwei Freundinnen etwas unmotiviert herum. „In der Medizinischen Hochschule haben sie uns gesagt: ‚Geht auf die Kundgebung.' Und nun sind wir hier." – „Wie gefällt es Ihnen?" Tanja zuckt mit den Schultern.

Die Pädagogische Hochschule von Woronesch ist sogar offizieller Partner der Naschi. Die Lehranstalt liegt etwas außerhalb des Stadtzentrums. Hier studieren vor allem Jugendliche aus den umliegenden Dörfern. Am Schwarzen Brett hängt ein Werbeprospekt der Naschi. „Die Ideologie der Naschi kann gar nicht faschistoid sein", erläutert der Rektor Wjatscheslaw Podkolsin, „sonst würde diese Bewegung ja nicht vom Staat unterstützt. In unserem Land gibt es keinen Faschismus." Und so ist es kein Wunder, dass Podkolsin es gut findet, seine Studenten zur Teilnahme an den Veranstaltungen der Kreml-Jugend zu zwingen, „auch wenn vielleicht einige ihrer Methoden nicht demokratisch sind".

Da hat er recht. Die Naschi werfen Sorokins Bücher nicht nur in eine große Toilette wie die Gemeinsam Gehenden, sie verbrennen sie.

Die Naschi entwickeln sich zur Zufriedenheit der Mächtigen. Putins Ermutigung aus dem Sommer 2005, die Naschi könnten „der Führung des Landes, der Gesellschaft und dem Staat helfen", geht auf.

Sie machen sich auch außenpolitisch nützlich. Ende April 2007 ist es noch kalt in Moskau. Junge Leute in Militärumhängen aus dem Zweiten Weltkrieg und mit den grünen Kappen der Rotarmisten auf dem Kopf blockieren die enge Gasse in Moskau, in der die Botschaft Estlands steht. Es sind Aktivisten der Naschi. Lautstark beschimpfen sie die Botschafterin als „Vertreterin eines faschistischen Staates". Ein blonder Mann mit Bürstenschnitt und enger schwarzer Lederjacke hat das Kommando. Er heißt Jewgeni Iwanow, ist „Kommissar" und bei den Naschi für Ideologie zuständig. „Wir lassen nicht zu, dass man uns beleidigt, erniedrigt und unsere Interessen mit Füßen tritt“, sagt er. „Russland war immer ein Geberland. Wir füttern andere Staaten. Das ist wohl ein Merkmal der orthodoxen Kultur: Andere anzunehmen und ihnen zu helfen.“ Dafür aber wolle Russland geachtet werden. „Wir wollen dafür einen würdigen Preis.“ Auf dem Bürgersteig steht ein Einmannzelt, darin macht sich Konstantin Goloskokow auf einem Kocher Wasser warm. Seine Hände zittern vor Kälte. Er trägt nur ein dünnes Sakko, keinen Schal. Goloskokow ist 21 Jahre alt und seit einer Woche im Hungerstreik. Eigentlich studiert er Jura. Er zeigt ein Laptop. „Das haben mir Freunde gebracht. So kann ich während meines Hungerstreiks ein Onlinetagebuch schreiben.“

Der Stein des Anstoßes liegt in Estlands Hauptstadt Tallinn. Es geht um einen etwa drei Meter hohen Bronzesoldaten. Seit 1947 steht er vor einer grauen Steinmauer. Der Soldat trägt einen Umhang, den Helm hat er abgenommen. Er blickt ernst zu Boden. Vor ihm brennt eine ewige Flamme. 13 Rotarmisten wurden unter der Anlage bestattet. Es ist ein Ehrenmal, wie es so oder ähnlich zu Hunderten nach 1945 auf dem Gebiet der ehemaligen Sowjetunion und in den Staaten des Warschauer Pakts errichtet wurde. An sowjetischen Feiertagen marschierten Funktionäre und Pioniere auf, Soldaten hielten Ehrenwache. Die Sowjetmacht nannte es das Denkmal für die Befreier Tallinns. Die Esten empfinden Rotarmisten jedoch nicht als Befreier, sondern als Besatzer. 2007 hat das estnische Parlament ein Gesetz zum Schutz von Kriegsgräbern verabschiedet. Es sieht vor, Tote umzubetten, die an „unpassenden Orten“ bestattet sind. Der umstrittene Bronzesoldat befindet sich neben einer Bushaltestelle im Stadtzentrum. Die Regierung Estlands will die Gebeine der Toten auf einem Friedhof für Kriegstote beisetzen und auch die Statue an einem anderen Ort wieder aufstellen. Russlands Regierung bezeichnet das Vorhaben als Provokation. In Estland leben zu dieser Zeit etwa 350 000 ethnische

Russen, ungefähr ein Viertel der Bevölkerung. Viele von ihnen haben einen russischen Pass, sprechen kein Estnisch, schauen ausschließlich russisches Fernsehen und sind gut zu mobilisieren. Das tut die russische Regierung, flankiert von den Naschi.

Bevor der Kran anrückt, verbrennen Demonstranten in Tallinn eine estnische Flagge. Die Polizei greift ein. Schaufenster gehen zu Bruch. Es kommt zu Schlägereien. Die Randalierer sind russischsprachige meist junge Männer. Ihr Einsatz wird aus Russland koordiniert und mittels Textnachrichten gelenkt. Einige werden für die Randale entlohnt. Zwei Nächte dauern die Auseinandersetzungen. Ein Mensch stirbt, siebzig werden verletzt, 900 festgenommen. Gleichzeitig kollabieren Computersysteme im estnischen Parlament, bei der Regierung, in Banken und Medien. Goloskokow brüstet sich später, er habe die Hacker organisiert. Es sind die bis dahin schlimmsten Unruhen in Tallinn seit der Wiedererlangung der estnischen Unabhängigkeit im August 1991. Eine Provokation und Warnung an alle, die glauben, dass sie von Moskau unabhängig sind, und die über ihre Geschichtsschreibung selbst bestimmen wollen.

In der engen Gasse in Moskau fordern die Naschi eine Entschuldigung der estnischen Regierung. Dann drohen sie, im Gegenzug für das Denkmal die estnische Botschaft in Moskau „abzubauen“. Goloskokow protestiert mit seinem Hungerstreik dagegen, dass ihm die estnische Botschaft ein Einreisevisum verweigert. Er sagt, er wolle das Andenken der sowjetischen Gefallenen ehren, „und zwar in Tallinn. Ich will in Tallinn vor dem sowjetischen Ehrenmal demonstrieren. Das habe ich in der Botschaft so gesagt. Deshalb bekomme ich kein Visum. Es geht mir ums Prinzip. Ich werde von meinem Entschluss nicht abweichen. Selbst wenn ich kein Visum bekomme, werde ich trotzdem nach Estland fahren und auf dem Platz stehen. In Estland werden Menschenrechte verletzt, darunter auch meine.“

Jewgeni Iwanow, der Kommissar für Ideologie, schaltet sich ein: „In der Welt herrschen Beziehungen wie unter wilden Tieren", erläutert er. „Ein Löwe zum Beispiel will fressen. Und er frisst das Zebra. Weil er stärker ist. Und weil er sich von Fleisch ernährt. Die USA wollen auch fressen. Sie brauchen Energievorräte und haben selbst zu wenig davon. Deswegen haben sie den Irak verspeist und Afghanistan. Und sie werden auch noch andere Staaten fressen. Denn sie können nur fressen oder sterben."

Dass Estland unabhängig ist und mit den Denkmälern der Sowjetunion machen kann, was es möchte, lässt Iwanow nicht gelten. Es geht ihm nicht nur um das Recht, die Geschichtspolitik anderer Staaten zu kritisieren, sondern er sieht es als seine Pflicht, aktiv zu werden, wenn ehemalige Sowjetrepubliken sich emanzipieren. Das russische Staatsfernsehen berichtet ausführlich über die Aktionen der Naschi rund um den Bronzesoldaten. Das hat Folgen. Der Absatz estnischer Produkte in Russland bricht ein, und in Estland geht der Tourismus zurück, weil weniger Besucher aus Russland kommen.

Als der Putin-Kult 2008 von der Verfassung in eine vierjährige Zwangspause geschickt und Dmitri Medwedew ersatzweise Präsident wird, beginnt auch der Stern der Naschi zu sinken. Die Funktionäre und Mitglieder zerstreuen sich. Die Naschi sind aber die Basis für die kommenden Jugendbewegungen. Diese kommen das erste Mal zum Einsatz, als Putin 2012 zurück ins Präsidentenamt will und das nicht so reibungslos verläuft wie geplant. Nach den Parlamentswahlen Ende 2011 gehen in Moskau und Sankt Petersburg Tausende empörte Bürger wegen Wahlmanipulationen auf die Straße. Sie rufen „Russland wird frei sein!", „Russland ohne Putin!" und „Gebt dem Volk seine Stimme zurück!". Selbst Michail Gorbatschow, der letzte Staats- und Regierungschef der Sowjetunion, tritt auf, fordert, die Wahlen zu annullieren. Es liegt ein demokratischer Umbruch in der Luft, eine sogenannte farbige Revolution, denn die Demonstranten beweisen Durchhaltevermögen. Sie mobilisieren für die weitaus wichtigere Präsidentenwahl am 4. März 2012. Und sie haben eine Farbe: Sie tragen weiße Schleifen. Das ist der Ernstfall. Auf dem Höhepunkt der Proteste sind weit mehr als 100 000 Menschen bei klirrendem Frost in Moskau auf der Straße. Putins Umfragewerte sinken. Im ganzen Land bereiten sich Bürger darauf vor, als Wahlbeobachter Manipulationen zu verhindern. Zwischendurch sieht es sogar so aus, als könnte Putin die absolute Mehrheit verfehlen und einen zweiten Wahlgang benötigen. Das gilt es, mit allen Mitteln zu verhindern.

Während einige Nationalisten Oppositionelle angreifen und verprügeln, denkt sich Wladimir Tabak ein Projekt aus: „Moi Putin", Mein Putin. Junge Leute stellen sich vor die Kamera und erklären, warum sie für Putin sind. „Je mehr Menschen ich Tag für Tag sehe, die Putin hassen, umso mehr fühle ich mich darin bestärkt, Putin zu wählen", sagt Tabak. Er leitet eine Kreativgruppe zur Erstellung von Internetprojekten in der Präsidialverwaltung. Bereits 2010 hat er für Aufsehen gesorgt. Er brachte Studentinnen der journalistischen Fakultät der Moskauer Staatlichen Universität MGU dazu, sich freizügig für Putin fotografieren zu lassen. Tabak machte daraus einen Erotikkalender und schickte ihn Putin zu dessen 58. Geburtstag. Nur in Unterwäsche enthüllt jede Nachwuchsschönheit ein Geheimnis: Im März gesteht eine Mittelblonde in Spitzenbody, dass sie für Putin in Flammen steht, im Wonnemonat Mai bekommt Putin von einer blondierten Schönheit in schwarzem Spitzen-BH ein deutliches „Ich liebe Sie!". „Für dieses Jahr sind Sie einfach besser", gesteht eine Kommilitonin im grünem Push-up-BH im September. Und zum Jahresende bekommt Putin eine Telefonnummer: „Wladimir Wladimirowitsch, ich möchte Ihnen persönlich gratulieren. Rufen Sie mich an." Keck bedeckt die junge Dame ihre entblößten Brüste mit den

Unterarmen. Ob der Kalender die erhoffte Wirkung entfaltet, bleibt ein (nicht wirklich süßes) Geheimnis.

In den Videobotschaften von Moi Putin geht es Anfang 2012 politischer zur Sache. Maxim Perlin präsentiert sich mit gefalteten Händen im Chefsessel an seinem Schreibtisch. „Ich bin jung und auf dem Höhepunkt meiner Möglichkeiten“, sagt er. Perlin ist zu diesem Zeitpunkt 21 Jahre alt und hat bereits fünfzig Angestellte. „Ich will meine Geschäfte ausbauen und Geld verdienen. Aber die nächste Finanzkrise steht vor der Tür. Und Wladimir Putin kandidiert meiner Meinung nach, damit ich und viele andere ihre Geschäfte ruhig weiterentwickeln können. Ich werde für Wladimir Putin stimmen, weil nur er uns vor einer neuen Krise bewahren kann.“

Julia ist gleichfalls 21, als sie sich in einer Skisporthalle bei Moskau filmen lässt. Noch bevor sie etwas sagt, kommen ihre Handschuhe ins Bild. Rote Fäustlinge mit olympischen Ringen darauf. „Hallo, ich heiße Julia. Ich interessiere mich nicht für Politik, aber zur Wahl werde ich auf jeden Fall gehen. Ich werde Putin wählen, weil mir seine Einstellung zum Sport gefällt“, sagt sie. Zwei Jahre später sind Olympische Winterspiele in Russland, in Sotschi. Putin hat sich persönlich dafür eingesetzt. „Er hat Sport populär gemacht. Ich träume seit Langem davon, mal nach Sotschi zu fahren, vielleicht werde ich als Freiwillige bei den Olympischen Spielen genommen.“ Dann fährt sie mit dem Snowboard den Berg herunter und winkt noch einmal in die Kamera. Ihre Chancen, nach Sotschi zu fahren, dürften mit diesem Auftritt gestiegen sein.

Auch Prominente machen bei dem Projekt mit: „Guten Tag, ich heiße Wjatscheslaw Manutscharow, ich bin 30 Jahre, Schauspieler. Ich erinnere mich noch sehr gut, wie meine Familie das erste Mal für Wladimir Putin gestimmt hat. Ich erinnere mich, wie wir, wie das ganze Land, vorher lebten; wie wir die Türen verriegelten, wie wir abends Angst hatten, auf die Straße zu gehen.

Das ist jetzt kein Schauspiel, kein Pathos – wir hatten wirklich Angst. Putin hat die Kraft, noch mehr im Land zu verändern. Er hat das in den 90er Jahren getan, in den 2000ern. Ich hoffe sehr, dass er das auch künftig tun wird."

Natürlich hat auch Organisator Wladimir Tabak ein Video für „seinen Putin" online: „Für mich ist Putin ein Geschäftspartner: Er schafft die Bedingungen, in denen ich Karriere mache. Und ich will das öffentlich erklären, damit hinterher keiner sagen kann: Von meinen Freunden hat niemand Putin gewählt."

Putin gewinnt die Wahlen im ersten Wahlgang. Am Abend des 4. März 2012 steht er vor Anhängern nicht weit vom Kreml auf einer Bühne. Sein Atem dampft. „Ich danke allen, die Ja gesagt haben zu einem mächtigen Russland. Ich habe euch gefragt: Werden wir siegen?" Die Menge jubelt. „Wir haben gesiegt." Die Frostluft ist blau von den Scheinwerfern. Vor Rührung läuft ihm eine Träne über die Wange. „Wir haben in einem offenen und ehrlichen Kampf gesiegt. Aber das war nicht nur die Wahl des Präsidenten Russlands. Das war ein sehr wichtiger Test für uns alle, für unser ganzes Volk. Das war ein Test für die politische Reife, für die Selbstständigkeit, für die Unabhängigkeit. Wir haben gezeigt, dass uns wirklich niemand irgendetwas aufzwängen kann. Wir haben gezeigt, dass unsere Menschen wirklich fähig sind, den Willen zur Erneuerung von politischen Provokationen zu unterscheiden, die nur eine Aufgabe haben: die russische Staatlichkeit zu zerstören und die Macht zu usurpieren. Das russische Volk hat heute gezeigt, dass so etwas in unserem Land nicht durchkommt! Wir haben heute gesiegt. Und zwar haben wir dank der überwältigenden Mehrheit unserer Wähler einen sauberen Sieg erlangt. Wir werden ehrlich und angestrengt arbeiten. Wir werden Erfolg haben. Und wir rufen alle auf, sich um die Interessen unseres Volkes und unseres Vaterlandes zu vereinen. Ich habe euch versprochen, dass wir siegen werden. Wir haben gesiegt! Ruhm Russland!"

Die Wahlen waren manipuliert. Wieder demonstrieren Tausende. Doch ihre Zahl nimmt stetig ab. Am 6. Mai 2012, einen Tag vor der Amtseinführung Putins ins Präsidentenamt, versammeln sich noch einmal rund 40 000 Oppositionelle. Die Demonstration wird von der Polizei brutal auseinandergeprügelt. „Die Macht" statuiert ein Exempel. Noch Monate später werden einfache Teilnehmer festgenommen und angeklagt, Massenunruhen inszeniert oder an solchen teilgenommen zu haben.

Am 6. Mai wird klar, dass die wenigen aufrechten Demokraten, die versucht haben, Russland den Banditen des Geheimdienstes zu entreißen und die Bevölkerung wachzurütteln, verloren haben.

Der 7. Mai, der Tag der Vereidigung Putins, ist der Beginn einer neuen Phase. Russland wird ab sofort ohne Rücksicht auf Verluste zu einem mafiösen Geheimdienstregime umgebaut. Der 7. Mai ist auch der Tag, an dem „die Macht" Wladimir Tabak für den Pin-up-Kalender und die Fanvideos dankt. Tabak ist zur Vereidigung in den Kreml geladen, gemeinsam mit den Vertretern von Kirche, Geheimdienst und Wirtschaft, mit den Präsidenten und Diktatoren zentralasiatischer Staaten und Weißrusslands und anderen dubiosen Persönlichkeiten. Der unter anderem wegen Meineids und Steuerhinterziehung verurteilte ehemalige Ministerpräsident Italiens, Silvio Berlusconi, ist da, Putins Freund, Ex-Bundeskanzler Gerhard Schröder aus Hannover, steht ganz vorn in bester Gesellschaft mit Dmitri Medwedew, der mit Putin die Ämter zurücktauscht, mit Patriarch Kyrill I., der für Putins Mehrheiten bei den Gläubigen zuständig ist, mit dem damaligen Minister für Katastrophenschutz und später zum Kriegsminister avancierten Sergej Schoigu und mit dem Hauptmann a. D. des Ministeriums für Staatssicherheit der DDR, Matthias Warnig, 2012 Geschäftsführer der Nord Stream AG. Er gilt als einer *der* Putin-Vertrauten. Ihre Beziehung stammt noch aus dessen KGB-Zeit. Tabak darf sich zugehörig fühlen. Wer mitmacht, wird belohnt. Draußen feuern die alten Kanonen zu Ehren des vereidigten Präsidenten in die Luft, und im Stadtzentrum, gar nicht weit entfernt, nehmen die Polizisten Spaziergänger fest, die weiße Schleifen tragen. Regierungskritiker werfen Putin vor, er wolle einen Polizeistaat errichten. Wladimir Tabak nennt solche Vorwürfe „hysterisch": „Wer um die Macht kämpft, muss mit Gegenwind rechnen. Das ist in jedem Land so."

Im Sommer steigen Putins Umfragewerte, und die Duma verabschiedet ein repressives Gesetz nach dem anderen. Am 7. Oktober 2012 feiern junge Menschen an verschiedenen Orten im Zentrum Moskaus den 60. Geburtstag des von ihnen nahezu abgöttisch verehrten Wladimir Putin. An der Metro Dostojewskaja steht eine Bühne. „Ich rauche nicht, ich trinke nicht", ruft ein junger Mann. „Ich bin 30 Jahre. Seid echte Kerle. Seid stark. Hört auf zu rauchen. Jeder kann das." Zum Beweis pustet er in eine Wärmflasche, bis sie platzt. Alkoholismus war und ist eines der größten Probleme der russischen Gesellschaft. Der sich gesund gebende Putin propagiert Volksgesundheit, seine Anhänger folgen ihm dabei. Der kernige junge Mann mit der Wärmflasche spricht weiter: „Wir machen das hier heute zu Ehren des Geburtstags von Wladimir Wladimirowitsch, wir zeigen den anderen, wie man zu leben hat." Die Leute klatschen. In einer Ecke machen junge Männer Klimmzüge – zwanzig ist das Mindestmaß. Man kann auch Judo ausprobieren. Putin hat den schwarzen Gürtel. „Was ich euch sagen will: Jeder von uns hat schon mal etwas für seinen eigenen, persönlichen Sieg getan. Aber ich denke, jeder von uns ist bereit, auch zum Sieg unseres Landes beizutragen. Und Wladimir Wladimirowitsch Putin ist ein strahlendes Beispiel für jemanden, der jeden Tag Siege erlangt, in unserem Land und auf der internationalen Arena. Der heutige Tag ist ihm gewidmet. Und ich denke, es lohnt sich für jeden von uns, es ihm gleichzutun. Er ist ein echtes, tolles und junges Vorbild. Danke an alle, die hier sind!"

Als die Herbstbewölkung auflockert, schaut der Moderator zum Himmel: „Beim nun folgenden Lied muss die Sonne immer hell strahlen, in unseren Augen und unseren Herzen, auf unseren Gesichtern. Wir lächeln alle!“ Er ruft eine junge Frau auf die Bühne: „Unser Mädchen ist auch wie ein Sonnenstrahl. Alina, bist du bereit? Bitte, Alina – mit dem Lied Solnetschnaja!“ Solnetschnaja heißt „die Sonnige“. Der Applaus ist recht müde, doch Alina dreht auf: „Wie ist die Stimmung, Leute? Ist euch nicht kalt? Nein? Super!“ Dann singt sie mit flacher Stimme leidenschaftlich vom Schneesturm und den Wäldern, den Flüssen und den Feldern, von Brot und Freundschaft und davon, eins zu sein mit Russland. Anschließend traut sich ein junger Mann aus dem Publikum auf die Bühne und beginnt, Luft in eine blaue Wärmflasche zu pressen. Erst wird er rot, dann blau. Er scheitert, niemand beklatscht die Anstrengung. Aus seinem Gesicht schwindet die Farbe – kreidebleich führte er immerhin die russische Trikolore auf.

Auch am Arbat, einer der berühmtesten Straßen Moskaus, gratulieren junge Leute Putin öffentlich zum Geburtstag. Sie tragen altertümliche Gewänder. Ihre Gesichter sind stark geschminkt. Einer hat einen Gehstock in der Hand. Sie haben sich als Puschkin, Dostojewski und Majakowski verkleidet und tragen Gedichte vor. „Wenn die Klassiker heute leben würden, wären sie auch für Putin“, sagt der, der wie Majakowski aussieht. Dann holt er Luft und deklamiert Majakowskis 1929 geschriebenes Gedicht vom Sowjetischen Pass, dem „Passbuch im knallroten Kittel, geschmückt mit Hammer und Sichel“. Der vortragende Student heißt Nikolai Buganow: „Ich glaube, wenn Majakowski noch leben würde, würde er Wladimir Wladimirowitsch gratulieren.“ Das Gedicht steht für die Verherrlichung der frühen Sowjetunion. „Ich mag den Stil“, sagt Buganow, „er löst bei mir patriotische Gefühle und Stolz aus. Denn ich liebe Russland.“ Das Ende der Sowjetunion bedeutet für ihn nicht Freiheit und Unabhängigkeit, Selbstbestimmung und Demokratie, sondern den Verlust eines Weltreichs, angeblich erzwungen durch die USA und Westeuropa. Buganow hat die Sowjetunion selbst gar nicht mehr miterlebt, aber er verbindet mit ihr Macht, Größe und ein gutes, berechenbares Leben: „Rot ist außerdem meine Lieblingsfarbe."

Die Gefahr einer farbigen Revolution scheint im Herbst 2012 endgültig gebannt. Die Präsidialverwaltung teilt allerdings mit, man werde die Jugend nicht unbeaufsichtigt lassen. Die Angst vor Demokratiebewegungen bleibt ein Motor Putin'scher Politik. Die Kontrolle muss aufrechterhalten werden.

Ein Paradeinstrument dafür ist die Molodaja Gwardia, die Junge Garde. Sie ist eine weitere Nachwuchsorganisation der Regierung. Ihr Name erinnert an einen Roman Alexander Fadejews und dessen Verfilmung von 1948. Das Buch, vor allem aber der Film waren in der Sowjetunion sehr bekannt. Es geht darin um sowjetische Partisanen, die im Zweiten Weltkrieg auf dem Gebiet der heutigen Ukraine gegen die deutschen Besatzer kämpften.

Die Jugendorganisation Molodaja Gwardia wurde kurz nach Putins Machtübernahme 2000 gegründet. Anders als die Naschi sind sie direkt an die Regierungspartei Einiges Russland angeschlossen. Nach Putins erneuter Machtübernahme 2012 aktivieren die Mächtigen die Organisation. Im Jahr 2016 zählt die Junge Garde 150 000 Mitglieder. Ihre Prinzipien lauten: „Tat, Kühnheit, Vertrauen, Pflicht". Die „Junggardisten" leiten daraus die Genehmigung ab, als Bürgerwehr für Recht und Ordnung zu sorgen. So zogen sie unter anderem 2009, als Russland das Glücksspiel verbot, durch die Städte und kontrollierten, ob Spielkasinos tatsächlich geschlossen waren. Sie überprüften, ob in Läden und an Kiosken Zigaretten oder Alkohol an Minderjährige verkauft wurden, und meldeten der Polizei Verstöße. Zahlreiche ehemalige Junggardisten rücken später in die Duma auf. Einer von ihnen ist Robert Schlegel, der 2019 nach Deutschland ziehen und dort in einer Firma für IT-Sicherheit arbeiten wird. Er wird sich mit Cyberangriffen auf andere Staaten brüsten und laut Recherchen des *Spiegel* eine Zusammenarbeit der Jungen Garde mit der AfD auf den Weg bringen.

In der Breite der Bevölkerung setzt sich der Eindruck von Putin als eine Art gutem Zaren durch, der über den Dingen steht und für Ordnung sorgt. Einmal im Jahr nimmt er in einer Fernsehsprechstunde Klagen aus dem Riesenreich entgegen und gibt vor, sich um alles zu kümmern: um fehlende Spielplätze, um Löcher in den Straßen, um mangelnde Gasleitungen. Er kanzelt Gouverneure und Bürgermeister öffentlich ab und fordert sofortige Abhilfe. Die Botschaft zielt auf das zentralistische Staatsverständnis der meisten Russen. Putin steht über den Dingen. Schuld sind immer die anderen. Putin, der Pate, nimmt und gibt, straft und belohnt. Putin angelt und reitet mit freiem Oberkörper durch die einzigartige russische Landschaft. Er weist mit einem Leichtflugzeug Kranichen den Weg. Er taucht auf den Grund des Schwarzen Meeres und findet prompt eine antike Vase. Und er bietet allen die Stirn, lässt einfach so die Halbinsel Krim, die zur Ukraine gehört, besetzen und umwebt das mit einem irren Geflecht aus Lügen. Molodez, sagen die Russen, ein Prachtkerl, ein Tausendsassa.

Um die zu überzeugen, denen das alles zu platt ist, erdenken die Mächtigen eine weitere Jugendorganisation: Setj, auf Deutsch Netz. Setj kommt mondän und weltgewandt daher und sorgt dafür, dass Putin hip wird. Um bei Setj mitzumachen, reicht es nicht aus, sich ein wenig im Sinne der Regierungspropaganda zu engagieren, hier ist ein klares kreatives Bekenntnis zu Wladimir Putin gefragt. Setj hat sogar ein eigenes Modelabel. Es heißt Putin-Versteher. Das deutsche Wort hat mittlerweile Eingang in die russische Sprache gefunden. Gemeint sind Menschen, die das Verhalten Putins und mit ihm Russlands relativieren, rechtfertigen und verteidigen. Laut

Recherchen der *Nowaja Gaseta* ist Setj bei der Abteilung für Innenpolitik der Präsidialverwaltung angesiedelt.

Ende 2016 besuchen wir die Zentrale von Setj. Designerstücke hängen zwischen zwei Birkenstämmen: ein weißer Rock mit blauen Zarenadlern, dazu ein ärmelloses Oberteil mit dem blumenbekränzten schnell gezeichneten Gesicht einer jungen Frau. Auf Fotos an den Wänden sind Models auf dem Laufsteg zu sehen, in langen, hoch geschlitzten Röcken mit dem Aufdruck von Putins Gesicht. Hier ist alles Putin. In einer Vitrine liegt ein silberner Ring, statt einer Perle ziert ihn Putins Kopf. Auf Staffeleien stehen Siebdrucke mit Putins Konterfei, farblich verfremdet: Pop Art à la Russe. Auffällig auch eine Montage, mehr als zwei Meter breit und einen hoch, in deren Zentrum Wladimir Putin steht, flankiert vom russischen Doppeladler und dem ukrainischen Dreizack. Darüber ein Zitat Putins zur Ukraine, das im Dezember 2016 bereits wie eine Drohung klingt: „Wenn wir wirklich sagen, dass das ein Brudervolk und ein Bruderland ist, dann müssen wir auch wie nahe Verwandte handeln und das ukrainische Volk in dieser schwierigen Situation unterstützen." Da läuft der Krieg gegen die Ukraine bereits knapp drei Jahre.

Setj-Mitarbeiter Roman Putanow nutzt unsere Anwesenheit, um mal einiges grundsätzlich klarzustellen: „Die Welt funktioniert nach bestimmten Regeln. Da ist zunächst die Herrschaft des Dollars, der US-Streitkräfte, Hollywoods und der internationalen Medien. Gegen die kann man nie gewinnen." Putanow ist 27 Jahre alt, hat weiche Gesichtszüge, das lange Haar fällt locker auf seine Schultern, er trägt Jeans und Turnschuhe. „Putin schafft diese Regeln ab."

Gerade sind die Panama Papers veröffentlicht worden. Die Unterlagen zeigen, dass Vertraute von Präsident Putin mehrere Hundert Millionen US-Dollar in Offshore-Firmen versteckt haben. Makar Wichljanzew, der Pressesprecher von Setj, eilt zur

Hilfe: „Ich habe mit meiner Mutter geredet, mit meinen Freunden. Darüber, dass die Veröffentlichungen im Westen für einen Schock gesorgt haben. Mich haben sie überhaupt nicht schockiert.“ Putin sei ja kein Manager mit einem Gehalt. „Putin ist ein Mensch von historischem Maßstab, er wird in die Geschichtsbücher eingehen. Den Menschen in Russland kommt überhaupt nicht in den Sinn, dass er irgendwelche Millionen auf die Seite legen könnte, das ist zu klein für ihn. Der Gedanke ist einfach dumm. Und deshalb hat das in Russland auch niemanden interessiert. Historisch ist es bei uns so, dass man meint, die Macht ist von Gott gegeben.“

An der Wand hängt eine aus weißen, blauen und roten Tafeln zusammengesetzte russische Flagge. Darauf die Schlagwörter, die das angebliche Russische ausmachen: Großzügigkeit, Geschichte, Ostern und Sieg, Heimat und Land, Barmherzigkeit, russische Sprache, Putin, Volk und Staat.

Setj soll kreativen Protest neutralisieren und umlenken, gefühligere und elitäre Zielgruppen erschließen, die mit Macho-Gehabe nicht viel anfangen können. „Wir versammeln Künstler, Designer, Graffiti-Sprayer, Bildhauer, Journalisten, Fotografen, Videokünstler“, erläutert Putanow. „Unsere Aufgabe ist, aus ihnen Leader von Weltrang zu machen, die für die ganze Generation, für ganz Russland sprechen und sie international vertreten können. Solche Leader haben wir bisher wenige. Einer von ihnen ist Putin.“ Putin sei für ihn eine Art Vater. „Und ein Vorbild sowieso.“

Im Dezember 2016 eröffnet Putanow eine Sammelausstellung mit Bildern von Setj-Künstlern in einem kleinen Museum im Zentrum Moskaus. Strahlende Engel sind zu sehen, Eltern und Kinder, die einander innig verbunden scheinen. Eines zeigt einen Hipster mit gezwirbeltem Vollbart und Weste neben dem letzten russischen Zaren, der vor seiner Ermordung 1917 auch so einen Bart trug. „Ich habe in diesem Jahr mindestens zehn solcher Ausstellungen organisiert. Das Jahr war für mich sehr produktiv.“ Auch Putanow malt: idyllische Familienszenen, Engel, Sonnenuntergänge, die russische Trikolore. „Wir sind eine Generation von Künstlern, die in Russland aufgewachsen ist. Unter Putin. Die meisten von uns kennen gar keinen anderen Präsidenten. Wir wollen mit Farbe und Leinwand zeigen, welche Werte unsere Generation hat.“ Jekaterina Grigoroschuk kommt dazu, sie ist mit dem Bild eines jungen Mannes vertreten, der zu einer Marienikone aufblickt. Ein goldener Strahl fällt diagonal auf sein Gesicht, erleuchtet ihn. „Als ich an dem Bild gearbeitet habe, hat mich ein anderes Mädchen, das auch bei Setj ist, gefragt, ob ich da den jungen Putin male. Er sei ihm sehr ähnlich.“ Sie kichert ein wenig. Der Junge auf dem Bild hat eine längliche, eher flache Nase, einen blonden Scheitel, markante Wangenknochen. „Daran habe ich gar nicht gedacht. Das hatte ich nicht vor. Aber vielleicht sind da wirklich ähnliche Gesichtszüge. Wir sind wirklich für Putin.“

Setj bleibt ein elitäres Projekt. 2016 hat es nach eigenen Angaben rund tausend Mitglieder. Im selben Jahr gründet Putin per Dekret eine weitere Massenorganisation, in der es ganz und gar nicht kreativ zugeht: die Junarmia, die Junge Armee, angesiedelt beim Kriegsministerium. Junge Leute machen sich mit Waffengattungen vertraut, treiben Kampfsport, üben Schießen, stehen stramm. „Um junge Menschen dazu zu bringen, Russland mit der Waffe in der Hand zu verteidigen, müssen die Bereitschaft und der Wille zum Dienst bereits in der Kindheit und Jugend geweckt werden“, sagt Minister Schoigu bei der Gründung. Roman Romanenko, Stabschef der Junarmia, sekundiert: „Unsere Aufgabe ist es, echte Verteidiger des Vaterlandes heranzuziehen.“

Die Junarmia ist die Krönung Putin'scher Jugendarbeit. Moralisch leer, auf Russlands Egoismus getrimmt, gewaltbereit und willfährig. Ihre Uniformen sind beige, ihre Barette rot. Jewgeni Prigoschin, der Chef der Söldnergruppe Wagner, der mit Lieferungen für die russische Armee reich geworden ist, stellt die Kleidung her. Selbstverständlich tragen Jungarmisten Georgsbänder am Revers. Die orange-schwarzen Schleifen gab es schon unter dem Zaren, die Farben sollen Feuer und Asche symbolisieren. Im Zweiten Weltkrieg wurden damit jene ausgezeichnet, die Deutschland vom Wahn der Nazis befreiten. Seit Russlands Einmarsch in die Ukraine wird es von denen missbraucht, die Demokraten für Faschisten halten und sie deshalb bekämpfen. Das Georgsband ist heute ein Symbol des russischen Imperialismus, der russischen Aggression. Der Gründungstag der Junarmia, der 29. Oktober, ist der Tag, an dem 1918 die sowjetische Jugendorganisation Komsomol ins Leben gerufen wurde.

Ganze Schulklassen treten geschlossen der Junarmia bei. Kinder von Armeemitgliedern sind angehalten, mitzumachen. Außerdem holt der Staat Kinder aus Waisenhäusern in die Junarmia. Für den reibungslosen Ablauf sorgt die Beauftragte des Präsidenten für Kinderrechte. Wie die *Nowaja Gaseta* recherchiert hat, hat sie die Ombudsleute, die in den Regionen für die Rechte von Kindern unter anderem in Waisenhäusern zuständig sind, angewiesen, Vereinbarungen mit der Jugendarmee zu unterzeichnen. Putins gehirngewaschene Reserve marschiert zum Tag des Sieges einträchtig mit den Verbänden der Armee über den Roten Platz. 2022 hat Putin in der Truppe eine Million Kinder und Jugendliche zwischen acht und 18 Jahren unter Waffen. Seit Februar 2022 dürfen die ersten gemeinsam mit den Großen im Kampf gegen die Ukraine heldenhaft fürs Vaterland fallen.

Putin ist es in den mehr als zwanzig Jahren seiner Macht gelungen, bei der älteren Generation die Angstreflexe der Sowjetunion wieder zu wecken und die junge Generation von ihren weltweit vernetzten Altersgenossen in anderen Ländern weitgehend abzukoppeln. Er hat es geschafft, ein komplett falsches Bild der Geschichte und der Gegenwart in ihre Köpfe zu pflanzen. Angehörige der Generationen, deren politische Sozialisation nach

Putins Aufstieg zum Präsidenten im Jahr 2000 stattfand, sind in der Masse auf Nationalismus getrimmt. Vor allem aber grenzen sie sich aggressiv von mutmaßlich anderen ab, betrachten sie als Feinde und sich selbst als Opfer und Angegriffene. Es wird Jahrzehnte dauern, das wieder gerade zu rücken, wenn es überhaupt geht. Wenn die Naschi und ihre Nachfolger eigene Kinder haben, ist der Zweite Weltkrieg lange her, und je länger ein Krieg her ist, desto weiter verschwinden sein Schrecken, das Trauma und auch die Lehren, die die Zeitzeugen und ihre Nachkommen daraus gezogen haben, aus dem Gedächtnis. Viele werden über den Zweiten Weltkrieg und die Sowjetunion nichts wissen, was nicht von massiver Propaganda verunstaltet ist. Sie werden die Feindbilder an die nächste Generation weitergeben. Und sie werden denen, die die Vergangenheit erforschen, nicht glauben. Diese Generationen sind Putins gefährliches Vermächtnis an die Welt.

4. Sie wollen keinen Führer

Olga Smirnowa sitzt auf der Veranda ihrer Datscha im Moskauer Umland. Sie hat im Garten gearbeitet, nun trinkt sie Tee, probiert die frisch gekochte Marmelade. Die Bienen summen, ihr vierjähriges Kind spielt. Olga ist Russischlehrerin, hat gerade angefangen zu arbeiten, freut sich über die Veränderungen in der Sowjetunion und blickt hoffnungsfroh auf das vor ihr liegende Leben. Es ist der 19. August 1991, ein perfekter Tag. Bis sie das Radio einschaltet. Eine monotone Stimme verliest eine Erklärung: „Da Michail Sergejewitsch Gorbatschow aus gesundheitlichen Gründen die Pflichten des Präsidenten der UdSSR nicht wahrnehmen kann und die Vollmachten verfassungsgemäß an den Vizepräsidenten der UdSSR Gennadi Iwanowitsch Janajew übergegangen sind; mit dem Ziel, die tiefe und allumfassende Krise, die politische, interethnische und zivile Konfrontation, Chaos und Anarchie zu überwinden, die das Leben und die Sicherheit der Bürger der Sowjetunion, die Souveränität, territoriale Unversehrtheit, Freiheit und Unabhängigkeit unseres Vaterlandes bedrohen; erklären wir, in Teilen der UdSSR für sechs Monate den Ausnahmezustand zu verhängen, ab vier Uhr früh Moskauer Zeit."

Olga kann es nicht glauben: „Jetzt kommt alles wieder zurück!", ist der erste Gedanke, den sie fassen kann. Eine Gruppe reaktionär-konservativer Mitglieder der Kommunistischen Partei, darunter KGB-Chef, Innenminister und Premierminister, putscht. Sie haben Gorbatschow an seinem Urlaubsort auf der Krim festsetzen lassen und das Kommando übernommen. Ihr Ziel ist die Rettung der Sowjetunion. Estland, Lettland, Litauen, Armenien und Georgien sind bereits ausgetreten. Im Fernsehen läuft

Schwanensee, für Bürger der Sowjetunion ein sicheres Zeichen dafür, dass etwas nicht stimmt.

Olga packt die nötigsten Sachen zusammen, schnappt ihr Kind, fährt zurück nach Moskau und telefoniert Freunde ab. Einer erzählt von Panzern im Zentrum. Olga erreicht ihre Freundin Julia Makejewa. Die hat weder Fernseher noch Radio und weiß noch von nichts. Auch Julias erster Gedanke ist: „Alles kehrt zurück!" Rastlos laufen die beiden Frauen durch das Stadtzentrum. Überall sind Menschen unterwegs, auf dem Roten Platz stehen Panzer. „Wir wollten aber keine Rückkehr der alten Sowjetmacht", erinnert sich Julia 25 Jahre später. „Wir hatten sie ja selbst erlebt. Die Sowjetideologie war uns zutiefst zuwider." – „Ich habe die Sowjetmacht gehasst", erzählt auch Olga, „den Eisernen Vorhang, die Zensur, die totale Lüge. Dass alle alles wissen, aber schweigen. Die Angst. Wir wollten anders leben."

Die Freundinnen gehen zum Weißen Haus, damals Sitz des Parlaments der Russischen Sowjetrepublik. Auch dort stehen Panzer. Demonstranten bauen Barrikaden. Die beiden haben Angst. „Was können Barrikaden gegen Panzer ausrichten. Das wirkt hoffnungslos. Wenn die anfangen, das Weiße Haus zu stürmen, wenn das hier eskaliert, dann reicht eine Bewegung mit dem kleinen Finger, und von uns bleibt nur ein feuchter Fleck." Trotzdem bleiben sie, machen, was viele andere tun, reden die ganze Nacht. Vor allem mit den Soldaten auf den Panzern. Sie hoffen, dass diese nicht auf Menschen schießen, mit denen sie bereits geredet haben. Und dass sie zu den Demonstranten überlaufen. Am nächsten Mittag steigt Boris Jelzin, damals frisch gewählter Präsident der Russischen Sowjetrepublik und ein Reformer, auf einen Panzer und beginnt, zur Menge zu sprechen: „Da das Fernsehen mir keinen Raum gibt, das Radio auch nicht, verlese ich hier eine Erklärung. ‚In der Nacht vom 18. auf den 19. August 1991 wurde der legal gewählte Präsident des Landes der Macht enthoben. Wir haben es mit einem reaktionären verfassungswidrigen Putsch zu tun. Wir empfehlen den Bürgern, den Putschisten eine würdige Antwort entgegenzusetzen, und fordern, das Land auf den verfassungsmäßigen Weg zurückzuführen.'" Die Bürger würden es nicht zulassen, dass sich die Willkür und Gesetzlosigkeit der gewissenlosen Putschisten durchsetzen, beteuert Jelzin. Von den Soldaten fordert er nichts Geringeres, als „sich als Staatsbürger zu beweisen und bei dem reaktionären Umsturz nicht mitzumachen". Er appelliert an den Staatsbürger in Uniform. Das hat es in Russland und der Sowjetunion noch nicht gegeben.

In der Nacht zum 21. August sterben drei Demonstranten beim Versuch, die Schützenpanzer zu stoppen. Vor der Stadt stehen weitere Panzer bereit, die extra aus Leningrad geholt wurden. Gegen fünf Uhr morgens befiehlt Dmitri Jasow, Verteidigungsminister der Sowjetunion und einer der Putschisten, überraschend, das Militär aus der Hauptstadt abzuziehen. Die Menschen feiern. Gorbatschow kehrt nach Moskau zurück. Die Putschisten werden festgenommen und viele von ihnen zu langen Haftstrafen verurteilt. Einer begeht Selbstmord. Jelzin verbietet die Kommunistische Partei in der Russischen Sowjetrepublik.

Der misslungene Putsch beschleunigt den Zerfall der Sowjetunion. Am 24. August erklärt sich die Ukraine für unabhängig. Damit ist das Schicksal der UdSSR besiegelt. Eine Republik nach der anderen folgt, bis sich schließlich am 12. Dezember 1991 Russland als vorletzte und vier Tage später auch Kasachstan für unabhängig erklären. Die Ereignisse in Moskau bekommen später den Titel „Augustputsch". Gegen ihn gingen die Menschen in Russland friedlich auf die Straße, so wie zuvor die Bürger in der DDR, der ČSSR und anderswo im Ostblock, die sich vom Joch der Unterdrückung befreien wollten.

Julia Makejewa spricht Jahre später noch davon, dass es wie ein Wunder war: „Die Zeitungen schrieben, die Machthaber hätten nicht den Mut gehabt, die Menge auseinanderzujagen. Sie hätten Angst bekommen. Für uns war das ein Sieg. Und dieser Sieg ist einer der wunderbarsten und frohesten meines Lebens, denn ich habe das Gefühl, dass es ein sauberer Sieg war, fast ohne Opfer, errungen von einfachen Leuten."

Der Kommandant, der für den Tod der wehrlosen Demonstranten verantwortlich ist, wird zunächst verhaftet und verbringt ein gutes halbes Jahr in U-Haft, dann werden die Ermittlungen fallen gelassen. Er habe nur Befehle ausgeführt. Bereits 1992 wird er zum Major befördert. Dass er 1995 wegen illegalen Waffenhandels verurteilt wird, tut seiner Karriere keinen Abbruch. Er kommandiert Anfang der 2000er Jahre eine motorisierte Schützendivision im Zweiten Tschetschenienkrieg, 2017 die russischen Truppen im Bürgerkrieg in Syrien, wird daraufhin Oberbefehlshaber der Luft- und Weltraumstreitkräfte. Laut der Menschenrechtsorganisation Human Rights Watch ist er einer der Verantwortlichen für die gezielte Zerstörung von Krankenhäusern und Schulen in Syrien. In Russland wird er dafür ausgezeichnet. 2021 wird er Armeegeneral. Der Mann heißt Sergej Surowikin. In der Ukraine befehligt er 2022 zunächst die russischen Truppen im Süden, bis Putin ihn am 8. Oktober zum Kommandanten der gesamten Invasionstruppen ernennt.

Es ist das Prinzip von „Sicherheitskräften" in autoritären Staaten, dass sie für die Sicherheit der Mächtigen zuständig sind, nicht für die Sicherheit der Menschen, die sich gegen ihre Gängelung wehren. Und so macht auch Kriegsminister Sergej Schoigu viele Jahre später unmissverständlich klar, was er von der Demokratie- und Freiheitsbewegung 1991 hält: Die Armee werde bei so etwas nicht noch einmal zuschauen, ein „Kollaps" wie damals dürfe sich nicht wiederholen. „Wir haben nicht das Recht dazu", so Schoigu.

„Wir haben damals einfach einen glücklichen Moment erwischt", sagt Olga. „Wir waren überzeugt, dass nun alles gut wird:

Dass die Sowjetunion einen Grabstein bekommt mit der Inschrift ‚1917 bis 1991'; und dass für uns ein ganz anderes Leben beginnt." Sie hält einen Moment inne. „Wie dumm wir waren. Wie naiv. In Wirklichkeit haben die reaktionären Kräfte mit Pauken und Trompeten gesiegt."

Im unabhängigen Russland führt Boris Jelzin seinen Reformkurs zunächst fort, doch die Wirtschaft kommt nicht in Gang. 1993 versuchen erneut sowjetische Kader, die Macht mit Gewalt zu erringen. Sie lassen ihre Anhänger das Fernsehzentrum stürmen und blockieren das Weiße Haus. Nun setzt Jelzin Panzer in Bewegung. Sie schießen auf das Gebäude. Rund hundert Menschen sterben, aber Jelzin setzt sich durch. Ende 1993 lässt er das Volk über eine neue Verfassung abstimmen, die die Macht des Präsidenten stärkt. Die Russen vertrauen Jelzin, glauben die Macht bei ihm in guten Händen. Doch der greift zunehmend in demokratische Prozesse ein. Es ist der Anfang vom Ende der russischen Demokratie. Im Jahr darauf beginnt Jelzin den Tschetschenienkrieg. Und am Ende seiner Amtszeit 1999 übergibt er die Macht an eine Clique aus dem Geheimdienst mit Wladimir Putin an der Spitze. Der bringt als Erstes die großen unabhängigen Fernsehsender und die Oligarchen unter Kontrolle. Sein mächtigster Widersacher, der Milliardär Michail Chodorkowski, landet zeitnah hinter Gittern. Systematisch zerstört Putin alles und jeden, der ihm gefährlich werden kann. Doch noch gibt es Entschlossene, die ein demokratisches Russland wollen.

Einer von ihnen ist Ilja Jaschin. Bei unserem ersten Treffen 2005 ist er 22 Jahre alt und Präsident der landesweiten Jugendorganisation der liberalen Partei Jabloko. Sein Büro ist in der Parteizentrale im ruhigen Moskauer Stadtbezirk Samoskworetschje. Jaschin hat soeben gemeinsam mit anderen jungen Funktionären kleiner demokratischer Parteien und ein paar Aktivisten die Bewegung Oborona gegründet. Oborona heißt Verteidigung.

Sie orientiert sich an den Bewegungen, die in den Jahren zuvor in Serbien, Georgien und der Ukraine für friedliche Machtwechsel gesorgt haben. Das Symbol von Oborona ist das gleiche wie in Serbien, eine Faust. Ilja Jaschin war während der sogenannten orangefarbenen Revolution selbst ein paar Tage in Kyjiw, demonstrierte gemeinsam mit den Ukrainern. Nun blickt er voraus auf die Präsidentenwahlen 2008 in Russland. Putin darf kein drittes Mal antreten, aber Jaschin ist überzeugt, dass Putin alles tun wird, um an der Macht zu bleiben. Er traut ihm alles zu, auch eine Verfassungsänderung. „Russland braucht deshalb jetzt eine breit aufgestellte Bewegung."

Aber ist so etwas wie eine gewaltfreie Revolution in Russland überhaupt denkbar? Jaschin holt aus. Er hat seine Diplomarbeit in Politikwissenschaft über die Organisation von Straßenprotesten geschrieben. „Die erste friedliche Revolution war in Russland 1917. Aber nicht im Oktober, sondern schon im Februar. Da wurde die Monarchie gewaltlos abgeschafft. Die Banditen mit ihren roten Flaggen kamen erst später", sagt Jaschin. Er hat recht. Nicht Lenin und die Bolschewiki stürzten den russischen Zaren. Es waren bürgerliche Kräfte. Lenin war zu der Zeit im Ausland und kam schlichtweg zu spät. Diese Fakten sind allerdings durch jahrzehntelange sowjetische Propaganda in den Hintergrund geraten, wurden überschrieben zum Beispiel durch aufwendige Inszenierungen wie Sergej Eisensteins Filmepos „Panzerkreuzer Potemkin". Geblieben ist das Trugbild der „Großen Sozialistischen Oktoberrevolution" mit dem Revolutionsführer Lenin in Mantel und Schirmmütze vorneweg. „Es heißt ja oft, dass Demokratie der russischen Mentalität nicht eigen ist", erläutert Jaschin. „Das ist natürlich eine zynische Lüge. Die Russen haben friedliche Revolution im Blut. Es gibt nur leider ein paar Probleme." Eins davon ist Russlands Größe. „Schauen Sie: In der Ukraine braucht man, um von Dnepropetrowsk nach Kyjiw zu fahren, vielleicht sieben Stunden. Um von Wladiwostok nach Moskau zu kommen, braucht man sieben Tage. Russland ist riesig, es hat eine sehr große und sehr vielfältige Bevölkerung. Das ist der Hauptunterschied. Man kann nicht einfach so von heute auf morgen Leute aus dem ganzen Land auf den Roten Platz holen."

Das zweite Problem ist, dass die Opposition bereits 2005 kaum noch Zugang zu den landesweiten Massenmedien hat. Auch das Parlament ist fünf Jahre nach Putins Machtübernahme kein Ort für Debatten mehr. Die vom Kreml gegründete Partei Einiges Russland hat eine Zweidrittelmehrheit, die übrigen Fraktionen stimmen in den meisten Fragen mit der Mehrheit, und die wenigen demokratischen Abgeordneten gehen unter. „Uns bleibt deshalb nichts anderes übrig, als mit den Menschen direkt in Kontakt zu treten", erläutert Jaschin. Also: Plakate kleben, Sticker und Flugblätter verteilen, Studentenpartys, Filmvorführungen mit anschließender Diskussion.

An dieser Stelle kommt Problem Nummer drei ins Spiel: Die Menschen interessieren sich nicht für Politik. Sie glauben, auf Entscheidungen ohnehin keinen Einfluss nehmen zu können, und viele wollen es auch nicht. Sie haben Wladimir Putin gewählt, weil er ihnen nach den entbehrungsvollen 90er Jahren Wohlstand versprochen hat, und 2005 sind erste Verbesserungen spürbar. Es entsteht ein Mittelstand. Diese Leute können sich Ikeamöbel leisten, renovieren ihre Wohnungen, kaufen Autos, buchen Pauschalurlaube in der Türkei, Tunesien oder Ägypten. „Am leichtesten kann man noch Rentner mobilisieren", sagt Jaschin, „aber nur, wenn sie einen direkten Vorteil davon haben. Anfang des Jahres haben sie für höhere Renten demonstriert." Daraufhin gab die Regierung den Forderungen nach und hob die Renten an. „Danach sind die Rentner gleich wieder zuhause geblieben."

Um grundlegend etwas zu verändern, muss Jaschin an die jungen Leute ran. „Aber die sind total unpolitisch. Es dauert ewig, bis man die auf die Straße kriegt. Dafür bleiben sie, wenn sie erst mal da sind." Und dann sind da noch die Naschi. Keine Konkurrenz, meint Jaschin, aber er hält sie für gefährlich, „weil sie mit Hooligans zusammenarbeiten. Sie organisieren Überfälle auf Oppositionelle." Ein paar Aktivisten von Oborona sind schon angegriffen worden. „Die Naschi sagen, wir seien Agenten des Westens und aggressiv. Sie sagen, wir würden von der CIA, vom Mossad und anderen Geheimdiensten bezahlt, damit wir einen gewaltsamen Umsturz organisieren. Aber wir sind keine Angreifer. Wir verteidigen unser demokratisches Wertesystem. Deshalb heißen wir auch Oborona, Verteidigung. Alles, was wir wollen, ist ein fairer politischer Wettbewerb. Wir sind Verteidiger."

Oborona wird es nicht schaffen, die Massen zu begeistern. Zu einer Kundgebung mit dem Titel „Genug mit Putin" kommen etwa 200 Menschen. Mit der Zeit werden es noch weniger. 2011 löst sich die Bewegung schließlich auf. Jaschin macht in anderen Organisationen weiter.

Oborona ist nicht die einzige Bewegung, die in Russland dem Vorbild anderer gewaltfreier Demokratiebewegungen nacheifert. Eine weitere heißt Smena, Wechsel. Auch deren Gründer waren während der orangefarbenen Revolution in Kyjiw, haben praktische Erfahrungen gesammelt, haben mit den Ukrainern ausgeharrt und gelernt, wie gewaltloser Widerstand funktioniert. Sie glauben fest, dass das, was in Kyjiw geklappt hat, auch in Moskau gelingen kann: mit gewaltlosem Widerstand die Elite Russlands abzulösen.

An einer Metrostation am Stadtrand Moskaus treffen wir Kostja. Er führt uns im Jahr 2007 durch eine gesichtslose Plattenbausiedlung in eine anonyme Wohnung. „Bis vor einem Jahr hatten wir ein Büro", erzählt er, „aber der Vermieter wurde gezwungen, uns rauszuschmeißen. Ihm wurde gesagt, wir seien Jugendliche, die eine falsche Position einnehmen. Das ist in unserem Land so: Wer nicht für Putin ist, hat eine falsche Position." Wer gegen Putin ist, sieht sich in Russland zu dieser Zeit einer Masse von Konformisten gegenüber, die manchmal erdrückend scheint. Umso wichtiger ist es für Putins Gegner, Netzwerke zu gründen, Gleichgesinnte zu finden und sich gegenseitig darin zu bestärken, auf der richtigen Seite zu sein. In der Wohnung stehen ein paar alte Stühle, ein zerschlissenes Sofa, ein Telefon, ein Computer, ein vollgestopftes Bücherregal. Mischa und Katja warten schon. Die drei behalten ihre Nachnamen für sich. Eine Vorsichtsmaßnahme. Mischa trägt ein schwarzes T-Shirt mit dem Logo der ukrainischen Aktivistenbewegung Pora auf der Brust, einer ablaufenden Uhr. „Es ist schon ganz verwaschen. Aber ich liebe das T-Shirt." Auch Mischa war 2004 in Kyjiw auf den Straßen: „Pora hat mir Energie und Schwung gegeben. Ich habe in der Ukraine gelernt, dass man wirklich etwas verändern kann. Das funktioniert."

Bei Katja war es der Prozess gegen Michail Chodorkowski, den Multimilliardär und Putin-Gegner, der den Ausschlag gab, aktiv zu werden. „Mich haben Freunde angerufen und gefragt: Dir ist das doch nicht gleichgültig, oder? Dann sind wir gemeinsam losgezogen und haben mit anderen oppositionellen Organisationen vor dem Gericht protestiert, in dem Chodorkowski verurteilt wurde. Daraus ist Smena entstanden." Katja studiert Sozialarbeit. Sie sei die Einzige in ihrem Kurs, die sich politisch engagiere, sagt sie. Alle anderen hätten nur Diskotheken und Geld im Kopf. „Die Leute, die bei den Naschi mitmachen, sind blind. Sie werden bezahlt, und dafür ziehen sich die Naschisten auch rote und weiße Hemden an und sehen aus wie die Weihnachtsmänner. Darin gehen sie dann auf die Straße und denken, das sei richtig. Die sind einfach dumm." Sie laufe bei jeder Demonstration vornweg, sagen die Jungs anerkennend über Katja. Sie lächelt halb verlegen, halb stolz: „Uns verbinden gemeinsame Ideen. Das hier ist mein Ding."

Wieder die Frage: Ist in Russland ein Machtwechsel durch gewaltfreien Widerstand möglich? „Irgendwann bestimmt", sagen die drei. Solange setzen sie sich für kleine Verbesserungen in ihrem Umfeld ein: an der Universität, in ihren Wohnbezirken. „Ich zum Beispiel wohne in einem Viertel, in dem es eine riesige Rattenplage gab“, erzählt Mischa. „Das klingt lächerlich, aber wenn dir jedes Mal, wenn du aus dem Haus gehst, eine fette Ratte entgegenkommt, und nicht nur eine – dann ist das schrecklich.“ Die Verantwortlichen beim Bezirk hätten nichts unternommen; die Bewohner auch nicht. „Dann haben wir eine Kampagne gestartet, und jetzt tut die Bezirksverwaltung wirklich etwas, und es sind bereits weniger Ratten. Das zeigt mir, dass auch wir in Russland etwas bewirken können.“ Schon diese Art von zivilgesellschaftlichem Engagement von Leuten, die nicht vom Kreml kontrolliert sind, beunruhigt die Mächtigen offenbar sehr. Wie die Mitglieder von Oborona beziehen auch die Aktivisten von Smena immer wieder Prügel von organisierten Schlägertrupps und werden als Staatsfeinde oder ausländische Spione verunglimpft.

Mischa schaltet den Computer an und ruft eine Internetseite auf. Auf dem Bildschirm erscheinen Demonstranten mit bunten Fahnen: in der serbischen Hauptstadt Belgrad, in Kyjiw, in Tiflis. Das nächste Ziel, sagt ein Sprecher, sei Moskau. Dazu Bilder von Straßenschlachten, Geräusche von Gemetzel. „Zwetnyje rewoljuzii“, „farbige Revolutionen“, raunt der Sprecher. Dann ein Schnitt zu Demonstrationen der russischen Opposition. Die blaue Fahne von Smena. Und dann Kostja, der Wortführer der kleinen Gruppe, auf demselben zerschlissenen Sofa, auf dem jetzt Katja sitzt. „Da, sehen Sie: Das ist diese Wohnung.“ Den Film hat das Staatsfernsehen produziert. Der Sprecher bezichtigt die Aktivisten von Smena des Landesverrates. Darauf stehen in Russland viele Jahre Haft. Der Reporter hatte sich Wochen zuvor unter falschem Namen bei der Oppositionsbewegung eingeschlichen. „Mit einer perfekten Legende“, sagt Kostja. „Er war angeblich sogar über wenige Ecken mit dem Oppositionspolitiker Garri Kasparow bekannt, hatte ein Praktikum in Deutschland gemacht und zählte uns etliche Bekannte in Deutschland auf. Er ist überall mit uns hingereist, ist sogar mal mit uns festgenommen worden. Irgendwann hat er gesagt: Deutsche Fernsehleute wollen, dass ich für sie einen Dokumentarfilm über euch mache. Da haben wir natürlich zugesagt."

„Dann ist er verschwunden", führt Mischa die Geschichte fort. „Sein Telefon war abgestellt. Wir haben uns schon Sorgen gemacht. Und dann haben wir die Ankündigung dieser Sendung gesehen." Sie waren in die Falle des Propagandafernsehens getappt. „Vielleicht waren wir dumm, dass wir ihm auf den Leim gegangen sind", sagt Kostja. „Aber andererseits sind wir darauf angewiesen, dass Journalisten über uns berichten. Denn wir machen eine wichtige Sache, und da wollen wir natürlich, dass die Leute wissen, dass es uns gibt." In den kommenden Jahren werden solche Hetzfilme fast ein eigenes Genre: pseudoinvestigative Recherchen mit reißerischer Musik, angeblich konspirativen Treffen, weißem Pulver auf Tischen, Händen, die Dollarscheine abzählen, schummrigem Licht. Oppositionspolitiker, Menschenrechtler, unabhängige Journalisten, ein Mitarbeiter der Deutschen Botschaft – sie alle werden lang und breit als käufliche Verschwörer und Feinde Russlands dargestellt. Die Hetzfilme laufen zur besten Sendezeit im landesweiten Fernsehen. Die Massen schauen die Lügen an. Hängen bleibt, dass Russland vom Ausland und dessen willigen Helfern bedroht wird. Dabei bedrohen Regimekritiker und oppositionelle Aktivisten, wenn überhaupt, nicht Russland, sondern lediglich die Machtelite um Putin.

Am Ende des Treffens beantwortet Kostja die Frage nach der Möglichkeit eines Umsturzes dann doch noch genauer: „In Russland sind in absehbarer Zeit keine Massenproteste möglich, da darf man sich keiner Illusion hingeben." Er hält noch einen kleinen Vortrag über Russlands Volkswirtschaft. Mit der Kontrolle der

Oligarchen hat Wladimir Putin auch die Kontrolle über die für Russland so wichtigen Rohstoffexporte erlangt. „Wer in Russland Öl und Gas kontrolliert, kontrolliert alles. Es gibt niemanden, der reich genug ist, um es mit der von Putin organisierten Exportoligarchie aufzunehmen", sagt Kostja. „Und deshalb bereiten wir uns auf einen hartnäckigen Kampf vor, der mehr als ein Jahrzehnt dauern wird." Zehn Jahre später gibt es Smena nicht mehr.

Auch in der russischen Provinz sind immer wieder Menschen bereit, gegen das Regime und für Veränderungen zu kämpfen, kleine Grüppchen oder Einzelkämpfer. Wenn die Machthaber sie kaltstellen, bekommt kaum jemand etwas davon mit.

„Es ist, als würdest du mit einem Auto mit defekten Bremsen einen Berg runterrasen und genau wissen, wenn nicht irgendetwas passiert, dann zerlegt es dich unten", erklärt Juri Bobrow 2007 in Perm. Er ist wie sein Kollege Ilja Jaschin Mitglied der Jabloko-Jugend und engagiert sich vor allem für Umweltbelange. „Mit deinem bürgerschaftlichen Engagement schaffst du es, die Geschwindigkeit um fünf oder vielleicht zehn Stundenkilometer zu verringern. Aber du bist immer noch wahnsinnig schnell. Irgendetwas grundlegend zu verändern, schaffst du nicht. Aber du willst die Hände nicht in den Schoß legen. Wenn hundert Bäume illegal gefällt werden sollen, dann schaffen wir es, fünf zu retten, aber niemals alle hundert. Und selbst wenn wir alle hundert bewahren, dann höchstens für ein, zwei Monate, danach werden sie sowieso gefällt. Aber wir machen trotzdem weiter. In den meisten Fällen bringt bürgerschaftliches Engagement nichts."

Die Großstadt Perm liegt mehr als tausend Kilometer östlich von Moskau kurz vor dem Ural. Rund um die Stadt befinden sich zahlreiche ehemalige Straflager der Zaren- und der Sowjetzeit. In einem, dem Lager Perm-36, saßen die letzten politischen Häftlinge der Sowjetunion ein, bis Michail Gorbatschow sie Ende der 80er Jahre entließ. In den 90er Jahren entstand dort ein Museum für den Gulag, das einzige in Russland auf dem Gelände eines erhaltenen Arbeitslagers.

Bobrow sitzt in einem winzigen dunklen Büro im Stadtzentrum. Er hat Medizin studiert, sein Gesicht ist fahl und schmal, und mit seinen 25 Jahren ist er ziemlich desillusioniert. „Wir haben kein Geld, um Informationsmaterial zu drucken, und manchmal können wir nicht mal die Rechnung für das Internet bezahlen." Bobrow erzählt von einem Anwohnerprotest gegen den Bau eines Einkaufs- und Freizeitzentrums in Perm. Das Zentrum entsteht zwischen Wohnhäusern, und für den Bau mussten Bäume, ein Kinderspielplatz und Parkplätze weichen. „Das Grundstück gehörte der Wohnungsgenossenschaft. Die Stadt hat es einfach als Bauland verkauft, illegal. Und dann wurde schnell ein Bauzaun aufgestellt." Dreihundert Anwohner seien aus den Häusern gekommen, um zu protestieren. „Sie waren aufgebracht. Sie haben schwere Zaunteile, Beton- und Eisenstücke angeschleppt. Die Teile waren so schwer wie Autos. Und sie haben sogar weitergemacht, als die Polizei kam und ihnen drohte", berichtet Bobrow. Er habe die Beamten darauf hingewiesen, dass der Bauzaun illegal ist. „Der zuständige Polizist schaute mir direkt in die Augen und sagte: ‚Nein, alles legal.' Ich hätte ihm das Gegenteil beweisen können, aber er sagte einfach: ‚Klag doch.'" Bobrow macht eine kleine Pause. „Und wie die Gerichte bei uns entscheiden, wissen Sie ja."

Die Anwohner reichten tatsächlich Klage ein, unterstützt von Bobrow und anderen. Das Urteil fiel wie erwartet aus: gegen die Anwohner. Immerhin hätten sie den Baubeginn hinausgezögert, erzählt Bobrow. Für den kleinen Erfolg hat er einen hohen Preis bezahlt. Er wurde zusammengeschlagen und stundenlang festgehalten, das Auto seiner Frau wurde angezündet. Die Polizei hat sich nie so richtig darum gekümmert. „Ich mache trotzdem weiter", sagt Bobrow. In einer Stadt wie Perm sind dreihundert Anwohner, die an einer Baustelle protestieren, viel. Zu manchen

Aktionen, die er organisiere, komme niemand. Neidisch schaut er nach Westeuropa. „Dort weiß man ganz genau, wenn Airbus mit Entlassungen droht, demonstrieren 20 000 Leute. Bei uns wissen die Menschen offenbar nicht, wann man auf die Straße gehen muss. Und die Meinungsführer wissen nicht, wie sie die Leute hinter sich bringen können. Die Menschen misstrauen uns, egal, was wir machen und wie wir auftreten. Als wir teure Autos fuhren, haben sie gesagt: ‚Die habt ihr der Bevölkerung geklaut.' Als wir zu Fuß gegangen sind, haben sie gesagt: ‚Ihr könnt es nicht mit den Machthabern aufnehmen, denn *sie* fahren die teuren Autos.'"

Es habe einen Moment gegeben, da seien die Russen für die Demokratie bereit gewesen, glaubt Bobrow. Das sei nach dem Ende der Sowjetunion gewesen. „Wer damals nicht bereit war, war unsere Elite. Das russische Volk ist auch nicht anders als andere Völker. Wir brauchen keinen Sonderweg. Wir sind genau solche Menschen wie alle anderen. Vielleicht gibt es Mentalitätsunterschiede, aber dabei handelt es sich um Kleinigkeiten in der Art, ob man den Zucker im Tee rechts oder links herum verrührt, nicht mehr! Menschenrechte und Freiheit sind etwas Höheres."

Bobrow fühlt sich ein bisschen hilflos. Eine friedliche Revolution wie in der Ukraine ist für ihn 2007 in Perm unvorstellbar. Eher noch setzt er darauf, dass „die Macht" irgendwann so abgehoben ist, dass sie von allein stürzt.

Entsprechend groß ist die Euphorie, als nach der gefälschten Parlamentswahl Ende 2011 auf einmal rund hunderttausend Menschen unterschiedlicher Gesellschaftsschichten und mit den widersprüchlichsten politischen Überzeugungen über Monate in Moskau auf die Straße gehen. Von extremen Linken über die liberale Jabloko-Partei bis zu Rechtsextremen. Auch Nikolai Bondarik, der Nationalist, den wir 1992 in Sankt Petersburg trafen, mischt mit.

Doch mit Putins Rückkehr ins Amt, vielen neuen immer repressiveren Gesetzen, willkürlichen Festnahmen und harten Urteilen gegen mehrere Oppositionspolitiker ist auch die Angst wieder da. Schritt für Schritt werden die, die gegen Putin sind, kriminalisiert. Was weiter stattfindet, sind lokale Protestaktionen in ganz Russland. Zum Beispiel gegen illegale Mülldeponien. Aber der Traum von einer farbigen Revolution in Russland, von einem Wechsel an der Staatsspitze durch gewaltfreien Widerstand, ist ausgeträumt. Und als 2013 in der Ukraine erneut die Massen auf die Straßen gehen, weil nach der orangefarbenen Revolution 2004 doch wieder korrupte Eliten an die Macht gekommen sind; als Bürger aus der ganzen Ukraine in die Hauptstadt Kyjiw reisen und dort erneut über Wochen auf dem Maidan ausharren; als die Ukrainer sich auch von der exzessiven Gewalt der Sondertruppen des ukrainischen Innenministeriums nicht einschüchtern lassen und der russlandtreue Präsident Wiktor Janukowitsch schließlich vor den friedlichen Demonstranten nach Russland flieht – da denkt in Moskau niemand mehr daran, es den Ukrainern gleichzutun. Die Propaganda wirkt auch bei Putins Gegnern. „Bloß kein Maidan", hören wir oft von russischen Liberalen, „bloß kein Blutvergießen, bloß keine Revolution." Sie zweifeln, dass so eine Protestbewegung in Russland Erfolg haben kann, und fürchten, dass sich Putins Schergen im Fall eines Scheiterns an jedem Einzelnen rächen. Viele andere in Russland glauben wirklich, dass der Maidan der Ukraine Unruhe und Zerstörung gebracht hat. Dabei ist es die russische Regierung, die das Nachbarland permanent destabilisiert, um Reformen und Demokratie zu verhindern.

Diejenigen, die in Russland immer noch Veränderungen wollen, ändern ihre Strategie. Wenn sie die Staatsführung nicht auswechseln können, wenn Parlaments- und Präsidentenwahlen gefälscht und Proteste verboten werden, dann, so ihr Kalkül, rollen sie die Politik von unten auf, über die Institutionen. In großem

Maßstab probieren sie das zum ersten Mal 2017 in Moskau. Massenhaft lassen sich Nachwuchspolitiker für die Kommunalwahlen aufstellen, vernetzen sich, finden Unterstützer. Auch Ilja Jaschin, der mittlerweile nicht mehr bei Jabloko ist. Er kandidiert im zentralen Moskauer Krasnoselski-Bezirk. Seine Chancen stehen gut. Die Kreml-Partei Einiges Russland hat inzwischen einen extrem schlechten Ruf: Ihre Amtsträger bereichern sich nur und tun nichts, denken viele. Die Herrschenden unterschätzen die Wahlen und mobilisieren gar nicht erst. Sie verlassen sich auf Putins Popularität und auf die Hürden, die sie aufgestellt haben, um die Konkurrenz auszuschalten.

Unabhängige Kandidaten müssen Unterstützerunterschriften in hoher Zahl vorweisen. Viele schaffen das. Im Ergebnis ziehen mehr als 250 Kandidaten der Opposition in die Bezirksversammlungen in Moskau ein. In Jaschins Bezirk gewinnen sie sogar die Mehrheit und wählen ihn zum Vorsitzenden. Jaschin beginnt sofort mit Reformen. Demonstrativ verzichtet er auf den Dienstwagen seiner Vorgängerin und stellt ihn stattdessen mitsamt dem Fahrer Bedürftigen als Sozialtaxi zur Verfügung. Als Nächstes plant er, dass Parkgebühren im Bezirk bleiben und nicht mehr an den ohnehin üppigen Haushalt der Stadt Moskau abgeführt werden müssen. Jaschin beschränkt sich aber nicht auf die Kommunalpolitik. Er stellt einen Bericht über die Kreml-Partei Einiges Russland vor und sagt: „In den 90er Jahren trug der typische russische Kriminelle ein himbeerfarbenes Sakko und Goldkettchen. Heute ist er Abgeordneter, Gouverneur oder Minister, trägt einen teuren Anzug, ein Parteiabzeichen, bedient sich patriotischer Rhetorik und hat ein Putin-Porträt im Büro. Einiges Russland hat eine riesige Zahl von Kriminellen an die Macht gebracht. Das sind keine Einzelfälle, das hat System." Doch Jaschin hat keine Möglichkeiten, die Massen zu erreichen. Die landesweiten Fernsehanstalten ignorieren ihn längst.

Jaschin weiß, dass seine Tätigkeit gefährlich ist. Nach seiner Zeit bei Jabloko hat er sich dem bekannten Oppositionspolitiker Boris Nemzow angeschlossen. Der wurde 2015 nahe dem Kreml, an einem der am besten überwachten Orte der Welt, erschossen. Nemzow war in den 90er Jahren Gouverneur von Nischni Nowgorod. Der damalige Präsident Boris Jelzin machte ihn zum Vizeregierungschef, und es heißt, er habe sogar überlegt, ihn zu seinem Nachfolger zu bestimmen. Jelzin entschied sich stattdessen für Putin, und Nemzow wurde einer von Putins größten Kritikern. Er brachte Dinge auf den Punkt, veröffentlichte Fakten zu Korruption in der Machtelite und sagte: „Mit Russland befreundet zu sein, ist nichts Schlechtes. Mir gefällt nur nicht, wenn diese Freundschaft mit Geld und Gewalt erzwungen wird."

Jaschin versucht, Nemzows Arbeit fortzusetzen. Er veröffentlicht weitere brisante Berichte. Einer legt die Beteiligung russischer Soldaten am Krieg im Donbass offen – zu einem Zeitpunkt, als das in Russland noch ein Tabu ist. Ein anderer Bericht widmet sich dem tschetschenischen Gewaltherrscher Ramsan Kadyrow und dessen Privatarmee, die später in der Ukraine kämpfen wird, der Korruption und politischen Morden in Kadyrows Diktatur. Als Jaschin die Broschüre präsentiert, kommen vor allem ausländische Journalisten und die Polizei. Es habe eine Bombendrohung gegeben: „Die Veranstaltung ist beendet! Verlassen Sie bitte den Saal!", dröhnt es aus dem Megafon. Jaschin lässt sich nicht einschüchtern, hält die Broschüre mit beiden Händen in die Kameras. „Haben Sie keine Angst. Hier geht keine Bombe hoch, die wichtigste Bombe halte ich in der Hand." Die Polizei räumt das Gebäude. Draußen sagt Jaschin: „Wenn wir Angst haben, wachen wir irgendwann in einem Land auf, das von Kadyrow und seinen Leuten beherrscht wird. Ich möchte das nicht."

Jaschins nächster Bericht trägt den Titel: „Die hybride Aggression des Kreml". Es geht um den Krieg gegen die Ukraine, der nun schon drei Jahre dauert. Putin setze große Mittel ein, um die Ukraine ins Chaos zu stürzen, sagt Jaschin. Nicht nur Waffen, sondern auch Propaganda und Desinformation. Er warnt: Putin wolle die Kontrolle über das Nachbarland wiederherstellen. Das müsse sehr ernst genommen werden. „Putin spielt gern Krieg und ‚geopolitische Rivalität'. Wir versuchen, allen unseren Willen aufzuzwängen", kritisiert Jaschin. „Das sorgt für endlose Konfrontationen und gefährdet die internationale Sicherheit. Diese Politik widerspricht Russlands Interessen."

Bei den nächsten Wahlen zeigt das System, dass es lernfähig ist. Was den unabhängigen Kandidaten auf Bezirksebene gelungen ist, soll sich bei den Regionalwahlen 2019 nicht wiederholen, schon gar nicht in der Hauptstadt Moskau mit ihrem Milliardenbudget. Es ist die erste Wahl, bei der der Oppositionspolitiker Alexej Nawalny das „kluge Wählen" einsetzen will. Es geht darum, den Kandidaten zu wählen, der eine Chance gegen den Kandidaten der Mächtigen hat. Dessen Überzeugungen sind dabei egal, Hauptsache, der Systemkandidat verliert.

Auch Ilja Jaschin möchte ins Stadtparlament einziehen und hat genug Unterschriften zusammen, um als unabhängiger Kandidat zugelassen zu werden. Die Behörden behaupten aber, ein großer Teil der Unterschriften sei gefälscht. Ein Trick. Und Jaschin ist nicht der Einzige, den die Behörden damit loswerden wollen. Viele werden so um die Kandidatur gebracht. An einem Sonntag treffen sie sich mit ihren Unterstützern am Puschkin-Platz im Zentrum von Moskau. Die Aktion ist selbstverständlich nicht genehmigt. Einer, der gleichfalls nicht kandidieren darf, ist Alexander Solowjow. Er steht ein bisschen unschlüssig herum, seine Jacke schlottert. Sieben Kilo hat er im Wahlkampf abgenommen, aber er hat sogar mehr als die benötigten Unterschriften zusammenbekommen. Und so war er voller Zuversicht, als er die Listen zur Wahlkommission trug. Dann kam die Nachricht: 43 Prozent der

Unterschriften seien ungültig. „Das sind rund 2700 von mehr als 5700. Angeblich finden sich die Namen der Unterzeichner nicht in der Datenbank der Meldebehörden. Das ist kompletter Irrsinn." Solowjow holt sein Telefon hervor und zeigt Fotos aus dem Protokoll der Kommissionssitzung. „Beim Überprüfen geben sie die Namen absichtlich fehlerhaft in den Computer ein, nicht so, wie sie auf dem Unterschriftenblatt stehen. Hier zum Beispiel. Im Russischen gibt es keinen Vatersnamen mit zwei ‚tsch' am Ende. Sie sagen, unsere Helfer hätten das so geschrieben. Aber das stimmt nicht. Wir haben ja die Formulare. Wir haben das überprüft." Solowjow ist zu diesem Zeitpunkt Anfang 30 und hat einige Zeit die Stiftung Offenes Russland von Michail Chodorkowski geleitet, die dabei hilft, unabhängige Politiker zu vernetzen. „Die Machthaber wissen, dass sie freie Wahlen verlieren. Sie haben Angst", sagt er. „Deshalb lassen sie uns nicht zu."

Mit etwas mehr als tausend Gleichgesinnten zieht Solowjow an diesem Tag knapp 500 Meter die Twerskaja-Uliza hinunter zum Rathaus. Um der Polizei keinen Vorwand zum Eingreifen zu bieten, bleiben sie auf dem Bürgersteig und stoppen vor jeder roten Fußgängerampel. Schließlich klopfen einige an die schwere Tür des Gebäudes. Die Menge skandiert „Zulassen" und „Veränderungen". Die Tür zum Rathaus bleibt zu.

In der folgenden Woche versammeln sich Demonstranten Abend für Abend vor dem Gebäude der Wahlkommission. Im ganzen Stadtgebiet stehen einzelne Menschen mit Plakaten und einem einzigen Wort darauf: „Zulassen!" Es gibt nur wenige Festnahmen. Einmal genehmigen die Behörden eine Kundgebung. Zufällig wird an dem Wochenende in der Ukraine ein neues Parlament gewählt. Dort liegt die Partei „Diener des Volkes" des frisch gewählten Präsidenten Wolodymyr Selenskyi vorn. In sozialen Medien äußern viele Russen Neid auf die Ukrainer, darauf, dass diese eine echte Wahl haben. Bei der Kundgebung wettert Dmitri

Gudkow, einer der bekanntesten russischen Oppositionspolitiker, von der Bühne herab gegen die in Russland herrschenden Eliten und fragt: „Sind das etwa Diener des Volkes? Sagt es mir! Nein! Sie ähneln eher Besatzern! Und sie benehmen sich wie Besatzer. Denn nur Besatzer fürchten das eigene Volk.“ Gut 20 000 Menschen hören zu, so viele wie seit Jahren nicht mehr, und doch sehr wenige angesichts von wahrscheinlich 15 Millionen Menschen, die in Moskau legal und illegal leben. Auf einem von der Stadt organisierten Musikfestival im beliebten Gorki-Park tummeln sich zur selben Zeit immerhin 270 000 Menschen. Gudkow weiß das. Und er ist zornig: „Steht von eurem Sofa auf! Geht zur Wahl! Geht auf die Plätze! Geht auf die Straßen! Denn sonst kommen sie und holen euch. Euer Sofa ist euer Sarg!“

Es ist die vorerst letzte größere genehmigte Kundgebung der Opposition in Moskau. Als die Menschen in den folgenden Wochen weiter friedlich durch die Straßen ziehen, greift die Polizei durch, mit Prügel, mit Festnahmen. Menschenrechtler zählen mehr als tausend an einem Tag. Erneut folgen Ermittlungen wegen Anstiftung zu Massenunruhen und damit verbunden die Gefahr langjähriger Haftstrafen. Wieder versandet eine Protestwelle. Die um ihre Unterschriften geprellten Kandidaten werden nicht zur Wahl zugelassen. Als Nawalny Anfang 2021 von einer Vergiftung genesen aus Deutschland nach Russland zurückkehrt und am Flugplatz verhaftet wird, wagen sich noch einmal Tausende auf die Straßen. Die Proteste greifen auf das ganze Land über. Wieder werden Tausende festgenommen.

Das Gleiche passiert, als die letzten Aufrechten in Russland nach dem 24. Februar 2022 gegen den Überfall auf die Ukraine protestieren. Menschenrechtler zählen mehr als 1700 Festnahmen am ersten Tag. In mehr als 40 Städten. Eine Fluchtwelle setzt ein. Alexander Solowjow treffen wir einige Wochen später in Berlin wieder. Er hat Russland verlassen, pendelt mittlerweile zwischen

Zypern und anderen EU-Staaten. Seine Wohnung in Moskau wurde durchsucht. „Unter diesem Regime haben denkende Menschen, ehrliche Menschen, Menschen mit Gerechtigkeitssinn, die professionell etwas erreichen wollen, keine Zukunft. Mein gesamtes politisches Umfeld hat mir schon vor Jahren geraten, ins Ausland zu gehen. Ich wollte das nie. Ich habe lange in hehren Kategorien gedacht, so in der Art: Ich muss in Russland bleiben. Ich habe das Gefühl, die Leute im Stich gelassen zu haben, die dort mit dieser menschenfressenden Maschine zurückgeblieben sind. Aber wenn ich ins Gefängnis gekommen wäre, hätte das auch niemandem genützt." Ein Oppositioneller nach dem anderen verlässt das Land. Die Aufrechten werden weniger, und Putin hat noch leichteres Spiel.

Ilja Jaschin bleibt. Im Sommer 2022 spricht er öffentlich über die Massaker der russischen Armee in Butscha. Kurz darauf wird er wegen angeblichen Widerstands gegen die Polizeigewalt mehrere Tage in Gewahrsam genommen. Noch während seiner Haft wird er wegen angeblicher Falschinformationen über die russische Armee angeklagt. Ihm drohen bis zu zehn Jahre Haft. In einem schriftlich geführten Interview mit der *Deutschen Welle* sagt er: „Gefängnis und Haft für Andersdenkende sind eine wichtige und offenbar unvermeidliche Etappe, die unsere Gesellschaft auf dem Weg zur Freiheit durchmachen muss. Wir müssen unsere Angst überwinden, damit sie aufhört, ein wirksames Werkzeug in den Händen der Macht zu sein. Wir dürfen nicht zu Vieh werden, das vor Angst erstarrt und klaglos der Peitsche des Viehtreibers gehorcht. Deshalb habe ich meinen Unterstützern am Tag meiner Festnahme gesagt: ‚Ich habe keine Angst, ihr braucht auch keine Angst zu haben.' Mir ist es wichtig, hier zu sein, bei meinen Leuten. So verstehe ich meine politische Verantwortung. Ja, hinter Gittern hat man viel geringere Möglichkeiten, sich an die Gesellschaft zu wenden. Aber der Wert der Worte, die ich hier sage, steigt um ein Vielfaches. Ich werde versuchen, das Gefängnis und das Gericht als politische Bühne zu nutzen. Schweigen werde ich ganz sicher nicht."

Als wir die Arbeit an diesem Buch beenden, sind die meisten Regimegegner, die wir seit Beginn von Putins Macht in Russland interviewt haben, im Gefängnis oder im Ausland. Diejenigen, die ihr Sofa immer noch nicht verlassen haben, haben nun gute Chancen, in einem Zinksarg in der Ukraine zu enden.

5. Rechnen mit dem Schlimmsten

Auch Maschas Sohn Ruslan hat Chancen, im Zinksarg zu landen. Denn Ruslan ist einer der Reservisten, die im Herbst 2022 sofort eingezogen werden sollen. Mascha ist unsere älteste Freundin in Russland. Sie lebt in Kirow, einer Industriestadt etwa tausend Kilometer nordöstlich von Moskau mit rund einer halben Million Einwohner. „Hier ist die Gegend kleiner fleißiger Hobbits“, hat sie uns mal erklärt, „die Leute sammeln Pilze, pflanzen Kartoffeln, und niemals wird hier irgendjemand auf die Straße gehen, um zu protestieren.“ Seit Jahrzehnten führen wir den immer gleichen Dialog in ähnlichen Varianten: Wir erzählen von Protesten oder anderen politischen Ereignissen in Moskau und fragen: „Wie ist die Stimmung in Kirow?“ Mascha antwortet ungefähr so: „Ich habe davon gehört, aber hier interessiert das niemanden.“ Mascha gehört zu den schweigenden mutmaßlich achtzig Prozent der russischen Gesellschaft, die sich ins Private zurückziehen.

Wir kennen Mascha seit 1991. Da gab es die Sowjetunion noch. Mascha war damals Mitte zwanzig und beim Komsomol, der Jugendorganisation der Kommunistischen Partei der Sowjetunion. Die KPdSU propagierte Völkerfreundschaft, und Mascha hat das immer sehr ernst genommen. Als es 1991 die Möglichkeit gab, mit dem Komsomol nach Hamburg zu fahren, sagte sie sofort zu. Dort lernten wir uns kennen. Sie war Schneiderin, und in ihrer Freizeit tanzte sie in einem Folklore-Ensemble. Wir redeten, lachten und gingen zusammen in die Disco, die Große Freiheit 36.

Wenige Wochen später kam ein Brief, damals noch per Luftpost. Den Umschlag schmückte ein Flugzeug vor strahlender Sonne. Rote Sterne, Hammer und Sichel. Auf den Briefmarken guckten Marx und Lenin zuversichtlich. „Proletarier aller Länder, vereinigt euch!“ stand darauf. Bilder aus einer Epoche, die gerade zu Ende ging. Der Brief ist datiert auf den 19.4.1991:

„Meine lieben Freunde, der Rückflug war gut. Ich habe wie immer sehr viel zu tun. Ich war schon wieder auf zwei Dienstreisen, in Moskau und noch einmal in Leningrad. Die Geschäfte laufen nicht schlecht, das freut mich natürlich, aber die Lage kann sich ändern. Es ist nicht immer genug Material da. Wollt ihr immer noch die Sowjetunion besuchen? Kommt! Es wäre toll, euch zu treffen, und noch besser, euch unsere Stadt Kirow zu zeigen. Es ist mein Traum. Morgen ist in unserer Stadt ein Subbotnik [unbezahlter Arbeitseinsatz am Wochenende] anlässlich von Lenins Geburtstag. Da putzen alle gemeinsam die Stadt. Wenn Kirow vom Winterschmutz gereinigt ist, ist es besonders schön und gemütlich.“

In die Sowjetunion haben wir es dann nicht mehr geschafft. Wir fahren im ersten Spätsommer des unabhängigen Russlands zu Maschas Geburtstag nach Kirow. Sie lebt Anfang der 90er Jahre mit ihrer Oma in einer Chruschtschowka. Solche Häuser wurden in den 60er und frühen 70er Jahren überall in der Sowjetunion gebaut, eben in der Zeit von Nikita Chruschtschow und kurz danach. Sie sind einfach, schnell und billig gemauert, haben meist vier oder fünf Stockwerke. Die Wohnungen sind eng. Auch bei Mascha und ihrer Oma ist alles winzig: die Küche mit einem Tisch und zwei Hockern darunter, die bei Bedarf hervorgezogen werden; der Flur mit einer Garderobe; das einzige Zimmer mit einem Bett und einem Diwan, das sie nachts ausklappen. Immerhin sind Klo und Bad getrennt nebeneinander, wie in all diesen Wohnungen. Die beiden Frauen bewirten uns mit eingelegten Pilzen, Tomaten und selbst gekochtem Saft. Mascha backt Piroggen oder Pfannkuchen, macht Eintopf. Sie ist ein Organisationstalent, und wenn sie nicht am Herd steht, putzt sie die Wohnung. Bei ihr zuhause gibt es, anders als in den meisten russischen Wohnungen zu dieser Zeit, keine Kakerlaken. Die Momente, in denen sie sich ausruht, sind selten.

In Kirow sind die Bürgersteige löchrig. Baustellen stehen still. Busse verkehren unregelmäßig. Mit dem Umbruch nach dem Ende der Sowjetunion ist die Aussicht, dass sich in absehbarer Zeit etwas bessert, gering. Kirow war im Ostblock bekannt für die Waschmaschinen vom Typ Wjatka. So hieß die Stadt vor der Revolution. 1934 wurde sie zu Ehren eines Gefolgsmanns Stalins umbenannt. Sergej Kirow war für den Tod Zigtausender Menschen verantwortlich. Waschmaschinen waren im Ostblock Mangelware. Nun hat die Fabrik ihre Produktion gestoppt. Wir treffen den Chef für eine Reportage. Er empfängt uns morgens mit Wodka in seinem Büro und verfolgt, wie im Fernseher ein gezeichneter Fuchs hinter einer gezeichneten Ente herläuft.

In den Dörfern leben sie noch ärmer. Gemeinsam mit Maschas Freund besuchen wir dessen Onkel. Wir nehmen den Bus. Der fährt zwei Stunden, dann hört der Asphalt auf, und es geht weiter über eine tief zerfurchte Piste. Die letzten Kilometer laufen wir. Von gut zehn Holzhäusern ist höchstens die Hälfte noch bewohnt. Es ist ein Überraschungsbesuch, denn Onkel Petja hat kein Telefon. Er lebt allein. Es ist Herbst und im Vorratsraum lagern große Körbe mit Kartoffeln, Eimer mit Roten Beeten, ein Haufen Möhren direkt auf dem Boden. An der Wand ist Holz bis unter die Decke gestapelt. Der Wohnraum ist niedrig und wird durch ein Hochbett neben dem Ofen noch niedriger. Im Türrahmen klemmen Scheren und Stifte, irgendwann wurde auch mal tapeziert, aber davon sind nur noch Reste zu sehen. Mascha schält sofort Gemüse, setzt Wasser auf, bereitet Essen vor. Der Onkel hat Bienen. Wir trinken Tee und löffeln Honig. Die Männer heizen die Sauna an. Es ist das perfekte Russlandklischee. Armut kann romantisch sein, wenn man wieder gehen kann. Am nächsten Tag laufen wir in das Nachbardorf. Von den Häusern sind nur überwucherte Holzbretter übrig. Dem Dorf von Onkel Petja droht das gleiche Schicksal.

Mascha näht, um über die Runden zu kommen. Doch bald reicht das nicht mehr. Der Staat als Unterstützer ist komplett ausgefallen. Und so macht sie, was viele Russen Anfang der 90er Jahre tun: kaufen und verkaufen. Der Großvater ihres Freundes lebt in Uljanowsk an der Wolga, gut 600 Kilometer entfernt. Die beiden mieten einen Wagen, fahren zwischen den Städten hin und her, kaufen, was immer sie günstig ergattern, verkaufen es etwas teurer weiter. Wir fahren mit, übernachten beim Großvater des Freundes. Der verehrt Stalin. „Ja, und?", sagt er. „In Deutschland stehen doch auch noch Hitlerdenkmäler." Er glaubt uns nicht. „Es gibt keinen Grund, Denkmäler abzubauen." Am Abend kommt der Vater von Maschas Freund mit seiner Familie aus Moskau zu Besuch. Er hat ein zweites Mal geheiratet und arbeitet auf dem Flugplatz, hat mit der Verteilung humanitärer Hilfe aus dem Westen zu tun. „Auf dem Flugplatz gibt es alles." – „Wieso?" – „Es kommt mit der humanitären Hilfe. Ich habe alle Buttersorten der Welt probiert. Aber die russische Butter ist die beste."

Mascha ist an diesem Abend sehr still. Sie kümmert sich um die kleine Halbschwester ihres Freundes. Sie hat das Down-Syndrom. „Ich rechne es der Mutter hoch an, dass sie das Mädchen nicht weggegeben hat", sagt Mascha. In der Sowjetunion war es üblich, Kinder mit Behinderungen in Heimen wegzusperren, und in den früheren 90er Jahren hat sich daran nichts geändert. Die Bedingungen in diesen und anderen Heimen sind erbärmlich, die Hygiene ist katastrophal, Gewalt ist allgegenwärtig. Mascha erzählt, dass ein Heim in Kirow solche Kinder in die USA vermittelt, unter der Hand. Das ist zwar nicht offiziell, aber Mascha findet das trotzdem gut, denn die Kinder tun ihr leid, sie haben in Russland kaum eine Chance, ein Leben in Würde zu führen.

Das Pendeln zwischen den Städten ist anstrengend. Mascha lacht längst nicht mehr so viel wie am Anfang unserer Freundschaft. Aber sie ist fest entschlossen, Positives zu sehen. „Das Leben ist kompliziert geworden. Es hat etwas von einem Überlebenskampf. Aber wir sollten nicht verzagen. Der öffentliche Nah- und Fernverkehr funktionieren weiter, Telefon, Radio, Post, das Fernsehen ebenso. Die Werke und Fabriken halten den Betrieb zumindest drei, vier Tage in der Woche aufrecht, die Leute bekommen ihren Lohn, und die Renten werden auch ausgezahlt. Löhne und Renten steigen zwar nicht so schnell wie die Preise, aber das ist doch überall so, wenn ich mich nicht irre, auch in den Ländern des Westens? Durch die Fahrerei können wir wenigstens den Kontakt mit unseren Verwandten und Freunden außerhalb von Kirow halten."

Im Fernsehen streiten Politiker in Moskau über den richtigen Kurs in der Wirtschaft, Reformer gegen Reaktionäre. Mascha versteht das nicht: „Das Chaos, von dem dort gesprochen wird, gibt es doch gar nicht. Das geht vorbei. Nach schweren Zeiten kommt immer eine Phase von Stabilität und Blüte. Hauptsache, unsere gierigen Politiker schlagen sich nicht die Köpfe ein. Die sind doch alle nur darauf aus, sich die besten Stücke vom Kuchen abzuschneiden. Leider halten diese Leute sehr viel Macht in den Händen. Es wäre eine Schande, wenn auch noch in Russland Krieg geführt würde, nur, weil einige Leute da oben sich nicht einigen können. Nun gut, hoffen wir das Beste."

Als wir im September 1993 auf dem Rückweg in Moskau ankommen, steht Russland am Rand eines Bürgerkriegs. Mascha verfolgt im Fernsehen, wie Boris Jelzin, um die Demokratie zu verteidigen, auf das Parlament schießen lässt.

Sie schreibt uns: „Was ist dort bloß geschehen! Moskau war schon immer dafür bekannt, rauflustig, widerspenstig und unregierbar zu sein, aber das übersteigt alles. Ich habe unsere ganze

Regierung verflucht, das ganze Parlament (ich würde das Wort am liebsten in Anführungszeichen setzen), die gesamte Staatsführung. So viel Blut zuzulassen – das ist ein ungeheuerliches Zeichen politischer Unbildung, die Folge von übermäßigem Ehrgeiz und Maßlosigkeit. Mir tut es nur um die jungen Soldaten leid, die dort zu Dutzenden für, wie ich finde, nichts gestorben sind, denn einen Kampf für die Heimat kann man das nun wirklich nicht nennen, es ist wieder mal nur ein Kampf um Macht, um weiche Sessel. Zum Glück ist in Kirow alles ruhig geblieben. Es gab hier keinen ‚Putsch', es gibt ihn nicht und wird ihn wohl auch in hundert Jahren nicht geben. Im Fernsehen haben sie ununterbrochen aus Moskau berichtet. Es war schrecklich, die Getöteten, die Verwundeten und Sterbenden zu sehen, aber hier war alles ruhig und friedlich, wie immer. Jetzt heißt es, dass riesige Summen nötig sind, um das Weiße Haus, das Fernsehzentrum Ostankino und einige Straßen wieder herzurichten. Angeblich soll das Geld von den Renten abgezogen werden. Sie sollten es von den Gehältern der Regierenden und Parlamentsabgeordneten abziehen, die haben doch den Mist angerichtet. Aber nein, den Kopf müssen wieder Leute hinhalten, die gar nichts damit zu tun haben."

Mascha wird schwanger und arbeitet weiter. Bald nach Ruslans Geburt lässt ihr Freund sie sitzen. Immerhin zahlt er für das Kind. Vom Staat bekommt Mascha eine Art Mutterschutzgeld. Es beträgt ein Fünftel des Existenzminimums, so gut wie nichts. Weil sie davon nicht leben kann, näht sie wieder. „Ich komme irgendwie durch", erklärt sie uns, „ich habe Gott sei Dank noch viele alte Freunde aus dem Komsomol." Das Netzwerk der KPdSU funktioniert noch. Viele Komsomolzen konnten dank guter Beziehungen Geschäfte aufbauen. So ist zum Beispiel eine der ersten russlandweiten Bekleidungsketten in Komsomolzenhand, auch in Kirow gibt es eine Filiale. Und da Mascha den Chef kennt, hat sie einen neuen Job.

Wir sehen uns zwei Jahre nicht. Als wir Mascha das nächste Mal besuchen, ist sie euphorisch. „Ihr kommt gerade recht. Wir fahren am Wochenende mit Freunden raus zum Zelten am Fluss. Ihr kommt doch mit?" Mascha organisiert säckeweise Äpfel für den Ausflug. Am Freitagmittag steigen wir mit dreißig, vierzig anderen in einen Bus und fahren ein paar Stunden raus aus Kirow. Die meisten kennen sich von den „Touristen", einer Art sowjetischer Wandervogel. Die Bewegung hat ihren Ursprung in den 1920er Jahren. Damals war sie als militärisch genutzter Sport gedacht: Die Touristen organisierten Expeditionen, um das Land zu erkunden und Geologen und Kartografen zu unterstützen. Später standen Spaß, sportlicher Wettkampf und Naturerlebnis im Vordergrund. Am Fluss angekommen, machen die Touristen als Erstes Feuer. Einige Frauen schneiden die Äpfel klein, werfen sie in einen Blecheimer und verkochen sie zu Saft. Die Männer schlagen Birken und machen aus dem Holz Stangen für Zelte. Als der Saft fertig ist, kommt ein Eimer mit Graupen über das Feuer: Kascha, Brei. Nachmittags gibt es einen Kajak-Wettbewerb, am Abend singen alle Volkslieder am Lagerfeuer. „So etwas habt ihr sicher noch nie erlebt, eure Augen glänzen so kindlich", sagt uns eine Touristin. „Ihr seht hier die russische Seele. In Deutschland kennt man so etwas ja gar nicht."

Anfang der 2000er Jahre scheint die Situation in Russland ein wenig gefestigt. Auch Mascha geht es besser. Sie lebt mittlerweile in einer Zweizimmerwohnung in einem etwas neueren Hochhaus. Ihr Sohn Ruslan ist gesund und kräftig. Die Ferien verbringt er bei seinem Vater. Einmal fährt Mascha mit ihm in die Türkei. Im Frühjahr organisiert sie Subbotniks wie früher: Mit den Nachbarn räumt sie den Hof auf und pflanzt Blumen. Bei Großveranstaltungen meldet sie sich freiwillig und kocht mit großer Freude für die Milizionäre.

Als die neu geschaffene Kreml-Partei Einiges Russland eine Mitarbeiterin für ihr Büro in Kirow sucht, wechselt Mascha den Job. „Wisst ihr, es ist wirklich beeindruckend: Wenn ich mich am Telefon melde mit ‚Hier ist das Büro von Einiges Russland', dann höre ich förmlich, wie sie am anderen Ende der Leitung mit den Hacken knallen." Sie erzählt das ein bisschen amüsiert. Später merkt sie, dass die Funktionäre von Einiges Russland nichts für die Menschen in der Stadt tun. Sie kündigt, organisiert nun Kulturfestivals und soziale Projekte. 2012 wird Ruslan mit der Schule fertig und kommt zur Armee. Mascha ist stolz, postet Fotos, auf denen ihr Sohn in Kampfmontur seine zwei Köpfe kleinere Mutter in den Arm nimmt. Drei Tage vor Silvester unterschreibt Wladimir Putin ein Gesetz, das die Adoption russischer Kinder in die USA verbietet. Er reagiert damit auf Sanktionen der USA gegen russische Beamte. Mascha ist sauer. In Moskau gehen Tausende gegen das „Gesetz der Schurken", wie es in den sozialen Netzwerken schnell heißt, auf die Straße. Als Putin am 31. Dezember 2012 kurz vor Mitternacht seine traditionelle Ansprache hält, dreht Mascha dem Fernseher zuhause demonstrativ den Rücken zu. Es ist ihre Form des Protests.

Mitte Mai 2013 steht Kirow für ein paar Stunden im Zentrum der internationalen Aufmerksamkeit. Der Oppositionspolitiker Alexej Nawalny steht in Kirow wegen angeblicher Veruntreuung vor Gericht. Internationale Journalisten und Dutzende Unterstützer Nawalnys reisen mit dem Zug aus Moskau an. Es ist ein politischer Prozess, einer von vielen, mit denen das Regime seine Gegner nach den Protesten 2012 überzieht. Schon am frühen Morgen demonstrieren Nawalnys Leute mit Plakaten vor dem Gerichtsgebäude. Ansonsten ist Kirow verschlafen wie eh und je. Lediglich an einem Schuhgeschäft hängt ein Aufruf zu einer Solidaritätskundgebung. Oleg, der Verkäufer, hat es angebracht. Leider müsse er selbst arbeiten, erzählt er, sonst würde er zum

Gericht gehen. „Bei uns kann man nicht mal richtig über die Straßen gehen. Gucken Sie doch auf unser Schuhzeug. Total dreckig. Die Straßenreinigung funktioniert nicht. Wenn ich etwas wegwerfen will, finde ich keine Mülleimer. Die öffentlichen Gelder verschwinden. Neulich sollten wir morgens Ware bekommen, die Lieferung kam erst mittags, wegen der kaputten Straßen. So kann man doch nicht arbeiten. Die Politik könnte eingreifen, aber bei uns geschieht nichts."

Mascha hat von dem Prozess gegen den bekannten Politiker erst durch uns erfahren. Es interessiert sie nicht so richtig. „Ich habe ein neues Hobby", erzählt sie strahlend: „Eisklettern. Das haben wir hier in Kirow erfunden!" Beim Eisklettern erklimmen die Sportler eine künstliche Eiswand. „Ihr könnt euch das nicht vorstellen, das ist ein irres Schauspiel. Die Besten brauchen sieben Sekunden für fünfzehn Meter! Ich bin froh, wenn ich überhaupt oben ankomme. Im kommenden Jahr wollen wir die Sportart bei den Olympischen Spielen in Sotschi präsentieren. Ich möchte unbedingt mitfahren." Sie schafft es. Sie kocht für die Mannschaft, kümmert sich um alles Mögliche für die Gruppe und ist glücklich.

Dann besetzt Russland die Krim und entfacht Krieg im Donbass. Der Rubel verliert an Wert, die Reallöhne sinken binnen eines Jahres um zehn Prozent. Gleichzeitig schießen die Preise in die Höhe. Die Regierung berät über Haushaltskürzungen. In Kirow eröffnet ein neues Einkaufszentrum. Es heißt patriotisch „Krim". Wegen der wirtschaftlichen Schwierigkeiten steht es 2016 zur Hälfte leer. Der Gouverneur kann die Beamtengehälter nur mit Verspätung zahlen. Ein Drittel der Bevölkerung Kirows bezieht zu der Zeit staatliche Hilfen. Im Sozialamt stehen die Menschen Schlange. Eine 37-jährige Mutter, die Kindergeld abholt, erzählt von ihrem Mann: „Er ist Fahrer. Früher hat er zwei Tage gearbeitet und hatte vier Tage frei. Jetzt arbeitet er vier Tage und hat zwei Tage frei. Er bekommt aber den gleichen Lohn." Sie selbst ist

Verkäuferin in einem Supermarkt. „Ich werde mir wohl noch einen zweiten Job suchen müssen. Das machen viele bei uns." Eine Rentnerin holt sich eine Sozialkarte für den öffentlichen Nahverkehr. Sie war Schneiderin, hat wenig verdient, daher ist auch ihre Rente gering. „Zum Glück habe ich etwas Land, da baue ich Kartoffeln an. Wir wollen jetzt auch Hühner anschaffen, damit wir weniger Geld für Lebensmittel ausgeben. Wir kommen schon irgendwie durch. Hauptsache, es gibt keinen Krieg." Das sagen viele, wenn die Hoffnung auf halbwegs stabile Verhältnisse schwindet, gerade die Älteren.

Mascha arbeitet wieder für ein Textilunternehmen und wurstelt sich durch. „Ich hatte endlich mal ein normales Leben. Das war kein Luxus, das war einfach ein normales Leben. Ich hatte, was ich zum Leben brauchte. Ich konnte mir sogar ein Paar teure Stiefel gönnen." 8500 Rubel haben die gekostet, rund 120 Euro. Mascha wohnt jetzt in einer billigeren Wohnung am Stadtrand und trägt ihre halb kaputten Stiefel auf. Sie hat nie aufgehört, mit schlechten Zeiten zu rechnen. „Ihr kennt meine Oma noch. Sie hat mir beigebracht, was man immer im Haus haben muss: Salz, Streichhölzer, Kerzen, ein paar Mullbinden, einen Vorrat an Graupen, Nudeln und eingekochtes Gemüse." Im Herbst macht sie Tomaten und Pilze ein, legt Vorräte an. „Ich habe immer ein paar Gläser vorrätig, für alle Fälle. Wenn das letzte Paket Nudeln zur Neige geht, werde ich unruhig." Sie bleibt optimistisch. „So schlimm wie in den 90er Jahren kann es gar nicht werden. Ich zittere vor Ärger, wenn ich an den Genossen Jelzin denke. Aber wir haben die Zeit überlebt, wir sind stärker geworden." Den Genossen Putin kritisiert sie nicht. Als hätte er mit der immer schlechter werdenden Lage nichts zu tun.

Gemeinsam besuchen wir Freunde von Mascha aus dem Komsomol. Es gibt mit Käse überbackenes Weißbrot mit Mayonnaise und Gurke, Eiersalat mit Mais und Bohnen, gekochtes

Rentierfleisch und Mandarinen. Die beiden sind berufstätig und verdienen nicht schlecht, aber auch sie erzählen, dass sie sparen müssen und deshalb in diesem Jahr zum ersten Mal seit Langem auf den jährlichen Auslandsurlaub verzichten. Die Tochter studiert Kunst und steht kurz vor dem Abschluss. „Eigentlich sollten wir in diesem Studienjahr Akte und Porträts malen", erzählt sie. „Jetzt sagen sie uns: Malt stattdessen noch ein paar Stillleben. Ernsthaft." Die Hochschule hat kein Geld mehr, um Modelle zu bezahlen.

Maschas Freunde bezeichnen sich als „eher liberal". Auch sie haben nicht vor, aktiv zu werden. Bald sind Parlamentswahlen, sie wollen nicht wählen gehen. Mascha zuckt mit den Schultern. „Wisst ihr, ich war seit dem Ende der Sowjetunion nicht mehr wählen. Weder bei Parlamentswahlen noch bei Präsidentenwahlen. Aus Protest. Denn das Ende der Sowjetunion war unrechtmäßig, und deshalb sind auch die Wahlen unrechtmäßig." Ihre Freunde wollen aus einem anderen Grund nicht mitmachen. „Wir haben unter unseren Bekannten herumgefragt. Niemand hat beim letzten Mal Einiges Russland gewählt. Putin ist eine andere Frage, aber die Partei wählt wirklich niemand. Trotzdem gewinnt sie immer. Da stimmt doch etwas nicht. Wir gehen deshalb gar nicht mehr hin." Die dreisten, offensichtlichen Wahlfälschungen des Regimes zeigen jedem Einzelnen, dass seine Meinung ohnehin nicht zählt. Sie signalisieren den Bürgern: Ihr könnt sowieso nichts verändern. Auch daher kommt die Apathie in der Gesellschaft.

Am 23. Februar 2022, wenige Stunden, bevor russische Panzer im Norden, Osten und Süden in die Ukraine einfallen und die ersten Raketen Kyjiw und andere Städte treffen, gratuliert Mascha bei Facebook „allen, die an der Verteidigung des Vaterlandes beteiligt sind". Am 23. Februar begeht Russland den „Tag der Verteidiger des Vaterlandes". Ein Moskauer Edelsupermarkt bietet aus dem Anlass seit einigen Jahren eine Torte mit einer Handgranate aus Marzipan an. Mascha postet eine offizielle Grußkarte mit Fotos von Kampfhubschraubern, Kampfflugzeugen, Panzern, einem Kriegsschiff, einer Rakete und natürlich dem Georgsband. Sie schreibt: „Eine der wichtigsten Eigenschaften eines MANNES ist seine Zuverlässigkeit! Dass du in seiner Gegenwart spürst, dass du dich unter einem unsichtbaren Schutz befindest. Ich wünsche euch, ein zuverlässiges Bollwerk für eure Lieben, eure Familien, eure Stadt, das LAND zu sein! In endloser Verehrung eures kämpferischen Schaffens, eurer Ausdauer, eurer Weisheit, eures Vermögens, Verantwortung zu übernehmen, und eurer Entschiedenheit, alle euch auferlegten Aufgaben zu erfüllen!“

Zur gleichen Zeit ruft Wolodymyr Selenskyi die Menschen in Russland in einer Fernsehansprache auf, alles zu tun, um einen russischen Angriff doch noch zu verhindern. Zum Schluss zitiert er ein bekanntes Gedicht des russischen Poeten Jewgeni Jewtuschenko: „Meinst du, die Russen wollen Krieg?“ Wir gehen davon aus, dass Mascha das Video nicht gesehen hat, und schicken es ihr. Sie antwortet ausweichend.

Im März erwarten die Behörden in Kirow fünfhundert Geflüchtete aus den besetzten Gebieten im Donbass. Mascha ist in ihrem Element. Sie ruft ihre Freunde zum Spenden auf: „Natürlich brauchen die, die mit Kindern kommen, am meisten Hilfe! Ich bringe heute die Details in Erfahrung. Bestimmt werden Hygienemittel gebraucht: Shampoo, Zahnpasta, Seife, Desinfektionsmittel, Feuchttücher, Zahnbürsten ...“ Über die Gründe für die Flucht, über die Angriffe auf Kyjiw, Mariupol und all die anderen Orte, verliert sie kein Wort.

Zum Tag Russlands, am 12. Juni, postet Mascha eine Glückwunschkarte in den russischen Nationalfarben mit einem Gedicht: „Ich schaue in blaue Seen, pflücke Kamille auf Feldern. Ich nenne dich ‚Russland‘, nenne dich das Einzige! Ich kenne kein größeres

Glück, als dein Schicksal zu teilen, mit dir zu trauern, mein Land, und mit dir zu feiern! …"

Dann hat Mascha Geburtstag. Wir gratulieren, und wir schreiben, dass wir uns wahrscheinlich so bald nicht wiedersehen werden, traurig nach mehr als dreißig Jahren Freundschaft. Sie bedankt sich überschwänglich: „Stellt euch vor, wir drei sind kämpferische Engel, die die Beziehungen zwischen Deutschland und Russland bewahren! Die Beziehungen zwischen den MENSCHEN! Sie sind die wichtigsten!" Ansonsten gehe in Kirow alles seinen Gang, es werde viel gebaut, die Bürgersteige würden repariert.

Ende September steht die Welt am Rande eines Atomkriegs. Wladimir Putin hat die Mobilmachung angeordnet. Maschas Sohn Ruslan hat sich mithilfe seines Vaters rechtzeitig ins Ausland abgesetzt. Sie selbst übt sich weiter im Verdrängen: „Ihr Lieben, ich bin jetzt Rentnerin. Dass ich so lange leben darf! Es ist toll. Ich pflanze Rosen, Sträucher und Bäume im Hof, das gefällt mir sehr. Es kommt bestimmt der Tag, an dem wir wieder zusammen an einem Tisch sitzen, eiskalten Wodka trinken, alle möglichen Leckereien essen und einfach nur quatschen. Ich versuche, nur an Gutes zu denken. Kennt ihr die Noosphäre? Das ist die Summe aller menschlichen Gedanken. Es wäre doch toll, diese Sphäre nur mit Gutem zu füllen!"

Am 29. Oktober 2022, dem 104. Geburtstag des Komsomol, postet Mascha bei Facebook ein rotes Banner. Darauf prangen eine Standarte mit Lenins Konterfei, die Buchstaben WLKSM, die russische Abkürzung für den Leninschen Kommunistischen Allunions-Jugendverband, und der Slogan „Proletarier aller Länder, vereinigt euch". „Alles Gute zum Geburtstag, mein lieber Komsomol", schreibt Mascha dazu. „Ich gratuliere ausnahmslos allen, ohne Altersbeschränkung, zum Feiertag des Lenin'schen Komsomol, der großartigen Schule des Lebens!"

6. Meinst du, die Russen wollen Krieg?

Er hat Rasputin gespielt und den Hofnarren von Iwan dem Schrecklichen. Er hat die Wiedereinführung des Zarentums gefordert und möchte Homosexuelle „in den Ofen schieben". Am 30. September 2022 gefällt er sich in der Rolle von Putins Einpeitscher. In schwarzer Jacke, schwarzer Hose, rotem Hemd und schwarzen Handschuhen mimt er vor dem Kreml eine Mischung aus Goebbels und Opritschnik. Die Opritschniki waren eine Terrortruppe russischer Adliger unter Zar Iwan dem Schrecklichen. Die Rede ist von Iwan Ochlobystin, Schauspieler, beurlaubter Priester, Gründer einer radikalnationalistischen Partei. Der Himmel über Moskau ist grau, der Rote Platz voller Menschen. Ochlobystin blickt auf ein Meer weiß-blau-roter Fahnen. „Früher oder später wird geschehen, worauf alle warten. Früher oder später werden wir siegen!" Es ist der Tag, an dem Russland die angebliche „Heimkehr" von Teilen der Ukraine zelebriert. Die Gebiete Luhansk, Donezk, Cherson und Saporischschja gehören nun angeblich zu Russland. Ochlobystin weitet die Augen, reißt den Mund auf. „Einige meinen jetzt, dass die militärische Sonderoperation bald in Antiterroroperation umbenannt wird. Andere sagen, sie wird Vaterländischer Krieg heißen." Vaterländischer Krieg – so wird in Russland der Zweite Weltkrieg zwischen 1941 und 1945 genannt. „Aber ich meine, auch das reicht nicht. Richtig muss es heißen: Heiliger Krieg! Heiliger Krieg!" Dann ballt er die schwarze Faust. „Es gibt den altrussischen Ausruf ‚Goida!'. Er bedeutet einen Aufruf zum sofortigen Handeln." Ochlobystins Stimme überschlägt sich nun: „Wie sehr fehlen uns solche Kampfesrufe jetzt!", brüllt er über das

Fahnenmeer. „Goida, Brüder und Schwestern, goida! Kämpfe, alte Welt, du besitzt keine wahre Schönheit, keinen wahren Glauben, keine wahre Klugheit, du wirst von Irren, von Perversen, von Satanisten regiert. Kämpfe!" Dann reißt er beide Arme in die Luft: „Wir kommen! Goida! Goida!" Der Applaus für Ochlobystin bleibt mau. Das könnte an der Menge liegen, zu der er spricht. Viele Menschen vor der Bühne wurden mit Bussen zum Roten Platz gekarrt und haben Geld für ihre Teilnahme bekommen.

Innerhalb der roten Kreml-Mauern läuft die offizielle Zeremonie. Die versammelte Elite hört den Beschwörungen Putins zu: Duma-Abgeordnete, Senatoren, Minister, Vertreter der Religionsgemeinschaften verfolgen, wie er gegen den „satanistischen Westen" wettert. Auch ihre Gesichter bleiben seltsam starr und teilnahmslos. Sogar, als Putin nach der Unterzeichnung der Urkunden mit den vier selbst ernannten Anführern der geraubten Gebiete beginnt, „Ros-si-ja, Ros-si-ja" anzustimmen, fällt das Echo höflich aus. Überall ernste Gesichter. Es wirkt, als hätten sie Angst, falsch zu reagieren und dafür bestraft zu werden. Kurz darauf geht Putin mit den vier Statthaltern hinaus auf die Bühne vor dem Kreml, um sich vom Volk bejubeln zu lassen. „Urra!", stimmt er an. „Ras, dwa, tri: Urra!" Doch auch hier springt der Funke nicht über. Müde wedelt die Menge mit den ausgegebenen Fahnen. Einmal mehr fragen wir uns: Wann wird ihnen klar, dass sie, die Russen, einen Angriffskrieg führen und dass es jeden hier etwas angeht? Wann begreifen sie, dass jeder Einzelne Verantwortung trägt, ihn zu beenden? Und wer unterstützt diesen Krieg eigentlich in welchem Maß?

Es sind die Fragen, die auch Wolodymyr Selenskyi in seiner Fernsehansprache im Februar 2022 am Vorabend des groß angelegten Angriffs auf die Ukraine aufwirft. Auf Russisch ruft er die Menschen im Nachbarland auf, innezuhalten, etwas zu tun, um diesen Krieg zu verhindern: „Krieg ist ein furchtbares Übel. Und dieses Übel hat einen hohen Preis, in jeder Hinsicht. Menschen verlieren Geld, ihren Ruf, ihr tägliches Auskommen, ihre Freiheit. Aber das Wichtigste ist: Sie verlieren ihre Nächsten. Sie verlieren sich selbst. Im Krieg fehlt es immer an allem. Im Überfluss gibt es nur dies: Schmerz, Schmutz, Blut und Tod. Tausendfachen, zehntausendfachen Tod. Es sind die Menschen, die das am allerwenigsten wollen. Und es sind die Menschen, die es verhindern können. Gibt es unter Ihnen solche Menschen? Ich bin fest davon überzeugt. Menschen, die öffentliche Ämter innehaben, Journalisten, Musiker, Schauspieler, Sportler, Wissenschaftler, Ärzte, Blogger, Stand-up-Comedians, TikToker und viele andere. Normale Menschen, ganz normale einfache Menschen, Männer, Frauen, Alte, Kinder, Väter und vor allem Mütter." Selenskyi beendete seine Rede mit der Frage: „Meinst du, die Russen wollen Krieg?" Er wünsche sich sehr, er könne diese Frage beantworten. „Aber die Antwort hängt allein von Ihnen ab, von den Bürgern der Russländischen Föderation." Selbstverständlich wurde Selenskyis Ansprache im russischen Fernsehen nicht übertragen.

„Meinst du, die Russen wollen Krieg?" – nahezu jeder Russe kennt das Gedicht und die Frage. Mit solchen und anderen Werken füllten Autoren in den 60er Jahren in der Sowjetunion ganze Stadien. Jewgeni Jewtuschenko schrieb das Gedicht 1961 im Kalten Krieg, als das Wettrüsten zwischen den USA und der Sowjetunion in vollem Gange war und sich die Kubakrise bereits anbahnte. Die Sowjetunion wollte Atomraketen auf Kuba stationieren und hätte die Welt damit fast in den Dritten Weltkrieg gestürzt. Jewtuschenko blieb mit seinen berühmten Versen ganz klar innerhalb des Selbstverständnisses der UdSSR als Friedensmacht, die auch anderen gegen den angeblich kriegslüsternen Westen hilft. „Nicht nur fürs eig'ne Vaterland fiel der Soldat im Weltenbrand. Nein, dass auf Erden jedermann in Ruhe schlafen gehen kann", dichtete Jewtuschenko in Anspielung auf den Krieg gegen

Nazideutschland, hier in der deutschen Übersetzung von Siegfried Siemund. Und zugleich schloss er die warnenden Verse an: „Der Kampf hat uns nicht schwach geseh'n, doch nie mehr möge es gescheh'n, dass Menschenblut, so rot und heiß, der bitt'ren Erde werd' zum Preis." Im russischen Original ist die Drohung noch deutlicher: „Ja, wir können kämpfen, aber wir wollen nicht, dass wieder Soldaten fallen." Der Text ist in viele Sprachen übersetzt, und in Deutschland wird er gern von denen zitiert, die nicht glauben können oder wollen, dass Russland einen Angriffskrieg führt und viele Russen das unterstützen. „Die Antwort in der Frage liegt – meinst du, die Russen wollen Krieg?", heißt es in der deutschen Übersetzung.

Eine breite Antikriegsbewegung wie im Westen hat es in Russland weder zu Zeiten der Sowjetunion noch danach gegeben. Dabei gab es Anlässe genug. Am 25. Dezember 1979 marschierte die Sowjetarmee in das Nachbarland Afghanistan ein und nannte das eine „Friedensmission". Sie eilte den dortigen Kommunisten zur Hilfe, die gut eineinhalb Jahre vorher mit einem Staatsstreich an die Macht gekommen waren und die Situation nicht in den Griff bekamen. Als die ersten Gefallenen in Zinksärgen in die Sowjetunion zurückkamen, schrieb Juri Schewtschuk den Song „Schieß nicht!". Seine Band DDT, 1980 gegründet, war eine der beliebtesten Rockbands der Sowjetunion. „Schieß nicht!" erzählt von einem jungen Sportschützen. Während er auf Spatzen, Tauben und Scheiben zielt, sagt ihm eine Stimme: „Schieß nicht!" Eines Tages muss er in ein Kriegsgebiet. Nach seiner Rückkehr schaut er nie wieder eine Waffe an. Wenn ihn jemand auf den Krieg anspricht, „ertränkt er sein Gewissen im Wein" und sieht jene Gestalt vor sich, die ihm einst sagte: „Schieß nicht!" Die Band und ihre Mitglieder gerieten zunehmend ins Visier des KGB. Mit seinem pazifistischen Ansatz blieb Schewtschuk damals weitgehend allein. Interesse für die Opfer der sowjetischen Invasion, für die afghanische Zivilbevölkerung oder gar Mitleid mit ihnen wurden nicht geäußert. Das wäre in der Sowjetunion auch gefährlich gewesen. Denn wer sich mit den Opfern eines Angriffs der „Friedensmacht" solidarisierte, stellte sich automatisch gegen diese und wurde zum Systemgegner.

Darin, wie die Mächtigen im Ostblock mit den Pazifisten umgingen, zeigt sich die ganze Verlogenheit der Friedensrhetorik der Sowjetunion. Anfang der 80er Jahre stationierte die NATO US-amerikanische Pershing-II-Raketen in West-Deutschland als Gegengewicht zu den sowjetischen SS-20-Raketen, um auf der Basis von Abschreckung mit der Sowjetunion über Abrüstung zu verhandeln – der NATO-Doppelbeschluss. Im Westen forderten Hunderttausende, diese Raketen abzuziehen und grundsätzlich nuklear abzurüsten. Prompt begannen die Geheimdienste des Ostens, die westliche Friedensbewegung im Interesse der Sowjetunion zu beeinflussen.

1981 sang der west-deutsche Schlagerstar Udo Lindenberg gemeinsam mit einem Zehnjährigen das Lied „Wozu sind Kriege da?":

„Habt ihr alle Milliarden Menschen überall auf der Welt
gefragt,
ob sie das so wollen,
oder geht's da auch um Geld?
Viel Geld für die wenigen Bonzen,
die Panzer und Raketen bau'n
und dann Gold und Brillanten kaufen für ihre eleganten Frau'n.
Oder geht's da nebenbei auch um so religiösen Zwist,
dass man sich nicht einig wird,
welcher Gott nun der wahre ist?"

Das Lied war ganz nach dem Geschmack der Sowjetfunktionäre. Bonzen und Religion waren offizielle Feindbilder der Sowjetunion und ihrer Verbündeten. Es geht im Text nicht um Angriffe auf Nachbarländer, nicht um die Unterdrückung von ganzen Bevölkerungsschichten und auch nicht um den Einmarsch in verbündete Staaten wie Ungarn oder die Tschechoslowakei. Im Oktober 1983 durfte Lindenberg „Wozu sind Kriege da?" beim Festival „Für den Frieden der Welt" in Ost-Berlin singen. Das Lied passte gut, denn ein Motto der Veranstaltung war: „Weg mit dem NATO-Doppelbeschluss". Als Lindenberg dann jedoch auf der Bühne von allen Atomraketen sprach, sowjetischen und amerikanischen, war die DDR-Führung nicht mehr so glücklich. Trotzdem durfte er mit „Wozu sind Kriege da?" später sogar bei den „12. Weltfestspielen der Jugend und Studenten" 1985 in Moskau auftreten, gemeinsam mit Alla Pugatschowa, der wohl berühmtesten Popsängerin der Sowjetunion. Damals sprach Lindenberg von einer Menschheit ohne Waffen, von gemeinsamem Feiern und davon, Grenzen von Freundschaft und Frieden zu überwinden. Lindenberg hat sich – wahrscheinlich ungewollt – für die Sowjetpropaganda einspannen lassen.

Als 1985 mit Michail Gorbatschow ein Reformer an die Macht kam, war es plötzlich möglich, vorsichtig über Afghanistan zu reden. Doch die Debatte, wenn man sie denn überhaupt so nennen kann, kreiste um die eigenen Toten, um die Frage, warum und wofür so viele sowjetische Soldaten sterben mussten, und um die Erkenntnis, nicht siegen zu können. Als 1989 das Buch „Zinkjungen" der Schriftstellerin Swetlana Alexijewitsch erscheinen konnte, war das eine Sensation, geht es darin doch um die tabuisierten verschweißten Särge mit den Überresten der oft jungen Soldaten, die in Afghanistan verheizt wurden. 15 000 sollen es bis zum Abzug der Truppen 1989 gewesen sein. Dass im gleichen Krieg weit mehr als eine Million Afghanen ums Leben kamen und mehrere Millionen Menschen vertrieben wurden, war weiterhin kein Thema, ebenso wenig die Verbrechen der Sowjetarmee in Afghanistan.

Spätestens nach dem Ende der Sowjetunion waren die meisten Russen mit sich selbst und dem eigenen Überleben beschäftigt. Vielleicht ist es nach Jahren der Unterdrückung zu viel verlangt, den Blick auch noch auf die Opfer außerhalb des eigenen Landes zu richten. Dementsprechend interessierte es auch kaum jemanden, dass Russland in den Kriegen auf dem Gebiet der ehemaligen Sowjetunion mitmischte, sie zum Teil befeuerte. Zum Beispiel in der Republik Moldau, wo sich Pridnestrowje, auf Deutsch Transnistrien, in einem kurzen Krieg abspaltete. 500 Menschen starben. Seitdem ist der Landstrich ein Hort organisierter Kriminalität und ein Stützpunkt russischer Soldaten westlich der Ukraine. Russland befeuerte auch die Separationskriege in den georgischen Provinzen Abchasien und Südossetien und unterstützte die Armenier im Krieg gegen Aserbaidschan um Bergkarabach.

All diese Kriege fanden außerhalb Russlands statt. Nicht so die Kriege in Tschetschenien. Hier ging es um einen Teil der Russischen Föderation. Was dort passierte, hätte jeder mitbekommen können, zumal zahlreiche russische Journalisten während des Ersten Tschetschenienkrieges von 1994 bis 1996 unzensiert aus dem Kriegsgebiet berichteten. Auf beiden Seiten starben russische Staatsbürger. Die russische Armee war in einem ebenso desolaten Zustand wie das ganze Land. Die föderalen Kräfte gingen brutal gegen die Zivilbevölkerung vor. Beim Sturm auf Grosny am Jahreswechsel 1994/1995 schossen sie die Stadt in Trümmer. Die Straßen waren voller Leichen. Die Tschetschenen verteidigten sich umso verbissener. Für die Soldaten war es die Hölle, und die Armeeführung schreckte nicht davor zurück, auch Wehrpflichtige an die Front zu schicken. Zeitungen und Fernsehnachrichten waren voller grausamer Bilder, die in die russischen Wohnzimmer gelangten.

Dies war der Moment, in dem die Soldatenmütter internationale Berühmtheit erlangten. Zu Fuß marschierten sie in das umkämpfte Grosny, um ihre Söhne nach Hause zu holen – tot oder lebendig. Eine von ihnen war Anna Pljassetskaja aus Moskau. Wir trafen sie viele Jahre später. „Es war eine sehr lange Kolonne mit Plakaten und Transparenten. Unter uns waren Buddhisten, Christen mit Ikonen in den Händen und tschetschenische Frauen", erzählte sie. „Für uns war klar: Die größte Schuld an diesem Krieg trägt Jelzin. Wir haben ihn auch so genannt: den ‚blutigen Jelzin'. Und natürlich hofften wir, den Krieg stoppen zu können", erinnerte sich Pljassetskaja. Vor allem aber suchte sie ihren Sohn Nikolai. Er hatte seinen Wehrdienst wenige Monate zuvor begonnen. Ihr war klar, dass er tot ist. Das Verteidigungsministerium behauptete jedoch, Nikolai sei verschollen. Später stellte sich heraus, dass das Kommando ihn verwechselt hatte. Der 19-Jährige war beim Sturm auf Grosny gefallen. Sein Leichnam wurde in der Altai-Region weit im Osten Russlands von fremden Leuten bestattet.

Den meisten anderen Soldatenmüttern ging es damals nicht in erster Linie darum, das Leid der Zivilbevölkerung in Grosny zu stoppen, ihr Protest richtete sich in der Mehrheit nicht gegen den Krieg als solchen, sondern dagegen, dass ihre Söhne schlecht ausgestattet und unvorbereitet in den Einsatz geschickt und dort verheizt wurden. Sie wurden aktiv, weil es um ihr Fleisch und Blut ging. Pazifistisch im wahrsten Sinn waren die wenigsten. „Viele stricken Strümpfe für ihre Jungs und wollen, dass sie gut behandelt werden. Damit kann ich nicht viel anfangen", sagte Ella Poljakowa, die Leiterin des Sankt Petersburger Komitees der Soldatenmütter, 1995. Die radikale Pazifistin wollte die russische Armee am liebsten komplett abschaffen.

Im Zweiten Tschetschenienkrieg von 1999 bis 2009 wird es wieder schwieriger, die Armee zu kritisieren und Krieg auch Krieg zu nennen. Je länger er dauert, desto deutlicher trägt er die Handschrift von Wladimir Putin. Es ist sein erster Krieg. Er heißt trotz der am Ende wahrscheinlich 80 000 Toten, die er fordert, Antiterroroperation. Vielen scheint das folgerichtig. Im Vorfeld sind in russischen Städten Anschläge auf Wohnhäuser verübt und dafür Tschetschenen verantwortlich gemacht worden. Nach dem 11. September 2001 in den USA ordnet die russische Führung ihren Krieg gegen tschetschenische Unabhängigkeitskämpfer in den weltweiten Kampf gegen islamistischen Terrorismus ein. Auch das scheint vielen plausibel, denn die große Mehrheit der Tschetschenen sind Muslime. Dass sie deshalb nicht automatisch Terror befürworten, spielt dabei keine Rolle.

Während die russischen Truppen 2001 den Angriff auf die Tschetschenen verstärken, recherchieren wir in Demjansk ganz im Westen Russlands für eine Sendung zum 60. Jahrestag des Überfalls der Wehrmacht auf die Sowjetunion. Demjansk ist ein kleiner Ort mit etwas mehr als 5000 Einwohnern. Berühmt ist er wegen der Kesselschlacht, die dort 1942 und 1943 tobte. Wir sind für die Sendung mit einem deutschen Veteranen unterwegs. Er heißt Herbert Balzer und war 19 Jahre alt, als er in den Krieg geschickt wurde. Seit den 90er Jahren kehrt Balzer regelmäßig nach Demjansk zurück, legt Kränze mit deutscher und russischer Schleife nieder, trifft russische Veteranen und pflegt Gräber. Die Alten trinken viel, um dann gemeinsam zu weinen und sich zu versichern, dass sie alles tun werden, damit es nie wieder Krieg in Europa gibt. An einem Morgen fahren wir mit Balzer zu einem Steinmetz. Er holt dort einen Grabstein für einen seiner Kameraden ab. Er war 19, als er fiel. Als wir ankommen, schlägt der Steinmetz gerade Namen und Bild eines jungen Mannes aus Demjansk in schwarzen Granit. Er ist vor wenigen Tagen in Tschetschenien gefallen, auch er wurde 19 Jahre alt.

Wir begleiten Balzer in eine Schule. Artig sitzen die Jugendlichen auf ihren Plätzen, sie sind um die 15 Jahre alt. Aufmerksam hören sie dem alten Mann zu, der von Grabpflege redet, vom

Frieden und von der Scham, die er als Deutscher empfindet. Er berichtet, wie er und seine Kameraden das Andenken der gefallenen sowjetischen Soldaten in Deutschland ehren, und vom Zivildienst seines Enkels. „Wir Veteranen wollen hoffen, und das meinen auch alle Veteranen in Deutschland, dass diese junge Generation niemals mehr mit dem Krieg in Berührung kommt."

In Russland ist es ein geflügeltes Wort: „Lisch by ne woina", „Bloß kein Krieg". Wir haben den Ausdruck unzählige Male gehört, wenn wir in abgehängten Regionen unterwegs waren, wenn die Menschen uns von ihrem schweren Alltag erzählten, den sie erduldeten. Auf die Frage, wie es ihnen geht, sagen sie oft: „Ach, wir kommen schon zurecht. Hauptsache, es gibt keinen Krieg." Die Bezugsgröße ist dabei immer der „Große Vaterländische Krieg", der Krieg gegen Nazideutschland von 1941 bis 1945. Fast jede Familie hat damals Angehörige verloren.

Ein Mädchen in der ersten Reihe meldet sich. Zum Sprechen steht sie auf: Es sei gut, dass jetzt Frieden zwischen Deutschland und Russland herrscht, schiebt sie vorweg: „Wir haben das 21. Jahrhundert. Ich bin sehr froh, dass wir so schreckliche Bilder – hoffentlich – nicht werden sehen müssen. Dass unsere Kinder nicht kämpfen werden." Der Gedanke daran, was ihre Großmütter und Großväter durchmachen mussten, tue ihr weh. Das Dorf ihrer Oma war mehrere Jahre von Deutschen besetzt. „Wenn die Sprache auf das Thema kommt, muss sie sofort weinen, und ihr zittern die Hände. Weil ihr Vater im Krieg gefallen ist und ihre Mutter nach dem Krieg auch nicht mehr lange gelebt hat." Zugleich sagt die Schülerin die bemerkenswerten Sätze: „Wir, die neue Generation, ich und meine Altersgenossen, müssen für Frieden sorgen." Dann folgen Worte, die wir auch sehr oft in Russland gehört haben: „Die deutschen Soldaten haben das ja zum Großteil nicht freiwillig gemacht. Sie haben nur Befehle ausgeführt. Soldaten sind Soldaten. Schuld sind diejenigen, die die Befehle geben. Der Oberkommandierende." Krieg ist für die Jugendlichen in Demjansk wie für die meisten Menschen etwas, das über sie kommt wie eine Naturkatastrophe, gegen die sie wehrlos sind. Denn wer weiß schon, wie man „für Frieden sorgt". Sie freuen sich, Anschluss an die Länder der EU zu bekommen. Ungläubig rechnen sie den Lohn von Balzers Enkel im Zivildienst in Rubel um; vor allem hoffen sie auf ein bisschen mehr Wohlstand. Ihre Ansichten sind geprägt von den russischen Massenmedien der Zeit. Zehn Jahre nach dem Ende der Sowjetunion ist noch keine Rede davon, Russland sei besiegt und gedemütigt worden; es ist noch keine Rede davon, dass Russland bedroht oder angegriffen wird, und es ist dementsprechend auch noch keine Rede davon, dass Russland sich verteidigen muss. Am meisten interessiert die Halbwüchsigen die Parad Ljubwi, die Loveparade in Berlin. „So etwas gibt es?", die Kinder sind begeistert. Der Rest findet in ihrer Fantasie statt.

Es ist kein Zufall, dass die Erinnerung an den Zweiten Weltkrieg in Russland und der Sowjetunion erst 1941 einsetzt, und nicht 1939, als Deutschland und die Sowjetunion Polen überfielen und unter sich aufteilten. Es mag an der Propaganda und der offiziellen Geschichtsschreibung liegen, dass dieses Kapitel im öffentlichen Bewusstsein in Russland kaum eine Rolle spielt. Und auch in deutschen Geschichtsbüchern wird der Einmarsch der Roten Armee im September 1939 nach Polen nicht als Kriegseinstieg der Sowjetunion markiert. Die meisten Menschen in Russland scheinen Krieg nur dann Krieg zu nennen, wenn das eigene Gebiet angegriffen wird. Als die russische Armee im August 2008 in Georgien einmarschiert, ist auch das in der russischen Gesellschaft kein großes Thema.

Die Gleichgültigkeit der Russen verschwindet, als russische Soldaten 2014 die Krim besetzen und der Kreml sich daranmacht, Krieg im Donbass anzuzetteln. Offiziell wird das Ganze als

Reaktion auf einen Hilferuf dargestellt, wie schon oft in der Vergangenheit. Die Massen jubeln zwar, doch rund 50 000 Menschen unterschiedlicher Altersgruppen aus allen sozialen Schichten ziehen mit ukrainischen und russischen Fahnen durch das Zentrum Moskaus und protestieren. Viele haben Verwandte und Freunde in der Ukraine, waren selbst schon dort. Auf Plakaten steht: „Verzeih, Ukraine“, „Wir sind Russland, nicht Putin“ oder einfach „Frieden“. Oppositionspolitiker und Bürgerrechtler haben zu der Kundgebung aufgerufen. Es sind viele Intellektuelle und Künstler dabei. „Was wollen wir mit der Krim?“, fragt eine Lehrerin, „wer dort Urlaub machen möchte, kann doch auch so dort hinfahren. Dafür müssen wir sie doch nicht besetzen.“ Ein Unternehmer wirkt besorgt: „Ich habe das Gefühl, dass viele Leute in unserem Land verrückt geworden sind und überhaupt nichts verstehen, nichts sehen und nichts hören wollen, außer, dass die Krim irgendwann mal zu Russland gehört hat. Putin will einen Anschluss der Krim, vielleicht sogar der Ukraine organisieren. Der Preis dafür ist zu hoch. Solche Fragen klärt man diplomatisch, nicht militärisch.“ Die Stimmung ist gedrückt. Vereinzelt branden Sprechchöre auf: „Kein Krieg!“

In den Wochen zuvor sind zahlreiche Menschen in ganz Russland festgenommen worden, die gegen den russischen Militäreinsatz auf der Krim protestiert haben. „Unsere Demonstration wird Putin wohl nicht aufhalten“, sagt einer, der seinen Namen nicht nennen möchte. „Ich weiß nicht, wann unser Volk endlich aufwacht. Ich bin hier, um mir selbst zu zeigen, dass ich dagegen bin. Würde ich zuhause bleiben, hätte ich hinterher ein schlechtes Gewissen.“ Der Sänger Juri Schewtschuk, der mit seinem Song „Schieß nicht“ schon gegen den Afghanistankrieg protestierte, verurteilt die Anhänger von Putins Aggression gegen die Ukraine als „Pseudopatrioten“. In Sankt Petersburg produzieren Musiker eine ganze CD mit pazifistischen Songs. Sie heißt „AntiArmia“.

Das Regime reagiert auf die Antikriegsproteste, indem es sie verbietet und die Propaganda verstärkt. Immer greller werden die Verunglimpfungen der ukrainischen Regierung, immer schriller die Vorwürfe, der Westen unterstütze das verblendete ukrainische Volk, um Russland anzugreifen. Das Staatsfernsehen bringt Bilder von Menschen auf der Krim, die den Besatzern für ihre angebliche Befreiung danken. Der Kreml lässt einen „Marsch der Brüderlichkeit" organisieren. Etwa 15 000 Leute ziehen im Gleichschritt durch Moskau und schwenken rote Fahnen. „In der Ukraine herrscht Faschismus, das darf man nicht zulassen. Ich habe Verwandte in der Ukraine, in Dnepropetrowsk. Alle sitzen zuhause, sie lassen die Kinder nicht auf die Straße. Sie trauen sich nicht, im Bus etwas zu sagen. Alle haben furchtbare Angst", behauptet eine Teilnehmerin. Alla Pugatschowa, die Popikone und Friedensfreundin Udo Lindenbergs, nimmt 2014 trotz des begonnen Krieges gegen die Ukraine von Wladimir Putin den Verdienstorden für das Vaterland in Empfang und lässt sich mit Schleife im Haar und Blumenstrauß in der Hand mit Putin und dem Orden fotografieren.

Seit der Besetzung der Krim 2014 führt Russland permanent Krieg: in der Ukraine und seit Herbst 2015 in Syrien. Aber ist es möglich, dass der Großteil der Bevölkerung davon nichts mitbekommt oder das nicht begreift? Zu Beginn der Luftangriffe auf Syrien zeigt das Staatsfernsehen mit Musik unterlegte Bilder von neuesten russischen Kampfjets, die vor blauem Himmel Bomben fallen lassen. Putin geht es in Syrien darum, in eine Lücke zu stoßen, die die USA hinterlassen haben; darum, auf der Weltbühne wahrgenommen zu werden, Russlands Einfluss im Nahen Osten zu sichern, russische Waffen auszuprobieren, Stärke zu demonstrieren und das Gelingen eines demokratischen Umbruchs in Syrien zu verhindern. Dem eigenen Volk verkauft er den Krieg als Kampf gegen Terroristen und als Hilfsmaßnahme. Immerhin hat

Diktator Assad die Russische Föderation offiziell um militärische Unterstützung gebeten. Das russische Staatsfernsehen berichtet, wie dankbar die syrische Bevölkerung angeblich für die „Hilfe" aus Russland ist. In den Schulen habe es einen Russischboom gegeben, als Erstes wollten die Kinder das Wort „spasibo" lernen, „danke". Schließlich könne sich ja mal die Gelegenheit ergeben, persönlich mit russischen Soldaten zu sprechen.

Im Mai 2016 fliegt Russland mit großem Aufwand das Orchester des berühmten Sankt Petersburger Mariinski-Theaters nach Syrien. Unter der Leitung des Stardirigenten Waleri Gergijew, der auch schon Wahlkampf für Putin gemacht hat und die Angriffe auf Georgien und die Ukraine befürwortete, gibt es ein Konzert in der kurz zuvor von syrischen Truppen – mit Unterstützung russischer Luftstreitkräfte – zurückeroberten antiken Stadt Palmyra. Auch Sportler halten für die Truppenbetreuung und schöne Bilder her. So sieht das russische Fernsehpublikum die Stabhochspringerin Jelena Issinbajewa beim Frühsport mit russischen Soldaten in der syrischen Morgensonne. „Uns war klar: Wir fliegen zu Helden, zu unseren Beschützern", teilt sie mit, „hier ist alles von einem solchen Patriotismus durchzogen, ich platze fast vor Stolz." Von den komplett ausradierten Städten, dem Einsatz von Giftgas, den Folterkellern des Regimes erfährt das russische Publikum nichts. Je länger Russlands Militäreinsatz in Syrien dauert, desto weiter sinkt das Interesse der Öffentlichkeit an dem Geschehen. Bei einer Umfrage des Lewada-Zentrums 2019 geben nur 13 Prozent der Befragten an, Nachrichten aus Syrien überhaupt zu verfolgen. Zwei Jahre zuvor waren es immerhin noch 31 Prozent. 39 Prozent sagen, sie wüssten gar nicht, was in letzter Zeit in Syrien geschehe. Nach Meinung der Soziologen liegt das daran, dass die russischen Medien nur wenig über Syrien berichten, und schon gar nicht über das menschliche Gesicht der Tragödie, über die Millionen Menschen, die fliehen mussten oder gestorben sind.

Versuche der Pazifisten, ihre Mitmenschen irgendwie wachzurütteln, werden immer wirkungsloser. 2016 will das kleine Moskauer Dokumentartheater Teatr.dok den Menschen die Kriege im Donbass und in Syrien näherbringen. Es führt das Stück „Der Krieg ist nah" auf. Zwei Schauspieler tragen aus einem Tagebuch aus dem ostukrainischen Luhansk vor. Ein Familienvater hat es dem Theater zugeschickt: „Erster Juni: Der letzte Schultag meiner Tochter. Alle Eltern haben Angst, ihre Kinder abends rauszulassen. Deshalb feiern wir im engsten Familienkreis. Zweiter Juni: Die Stadt ist in Aufruhr. Das Gebäude der Gebietsverwaltung wurde bombardiert. Mitten in der Stadt wurden zufällige Passanten in Fleischstücke zerrissen. Abends im Fernsehen beschuldigen sie einander gegenseitig, geschossen zu haben." Ein dritter Schauspieler türmt Stühle zu Barrikaden auf, blendet mit Taschenlampen, stört im Hintergrund. „Dritter Juli: Meine Tochter und ich sind bei einer Behörde. Am Eingang ein gerahmtes Foto ihres Lehrers. Er ist beim Beschuss umgekommen. Meine Tochter weint. Mir wird zum ersten Mal bewusst: In meiner Stadt besteht die Gefahr zu sterben."

Im zweiten Teil des Abends geht es um Giftgasangriffe in Syrien und um Manipulation durch Propaganda. Teatr.dok zeigt, wie Gewalt in das Leben der Menschen einzieht. Wie Menschen den Zeitpunkt verpassen, sich dagegen zu wehren. Wie Ermittler Menschen mit Gewalt zwingen, Unschuldige mit Falschaussagen zu belasten. Wie Propaganda dazu führt, dass Menschen gar nichts mehr für wahr halten. Einer der Schauspieler erzählt uns später, dass ihm durch das Stück klar geworden ist, was gerade passiert. „Meine Tante lebt in der Ukraine in einem Dorf in der Nähe von Lugansk. Ich war dort oft als Kind. Ich hatte sie schon fast vergessen, aber nach der Premiere habe ich ihren Kontakt gesucht, und jetzt schreiben wir uns. Es ist wichtig, Verbindung zu halten." Im Publikum sitzen Uniformierte, fotografieren und schreiben mit. Kunst kann das Denken verändern. Und so hat die Staatsmacht selbst vor diesem kleinen Theaterstück Angst.

Als Russland 2022 den Großangriff auf die Ukraine startet, kursieren im Internet Bilder von russischen Ehefrauen und Müttern, die ihre Männer und Söhne ermuntern, sich freiwillig für den Krieg zu melden. Die Armee lockt mit einem hohen Sold und verspricht bei Verwundung oder Tod großzügige Entschädigungszahlungen. Das Staatsfernsehen zeigt einen Beitrag über die Eltern eines Gefallenen, die sich von der Entschädigung ein neues Auto gekauft haben. Zu sterben lohnt sich, so die zynische Botschaft. Der Krieg gegen den kleinen Bruder Ukraine muss „Spezialoperation" genannt werden, wer ihn Krieg nennt, macht sich strafbar. Die „Spezialoperation" dient angeblich dazu, die Ukrainer zu befreien. Mehr möchten große Teile der Bevölkerung offensichtlich nicht wissen. Die Realitätsverweigerung nimmt im Frühjahr 2022 absurde Züge an. Die Parallelen zu Orwells Roman „1984" werden überdeutlich. Dort heißt es: „Krieg ist Frieden. Freiheit ist Sklaverei. Unwissenheit ist Stärke."

Auslandsrussen, die ihre Verwandten in Russland anrufen und über den Krieg gegen die Ukraine sprechen wollen, erleben, wie ihre eigenen Eltern ihnen keinen Glauben schenken. Familien zerbrechen. Millionen Ukrainerinnen und Ukrainer haben Verwandtschaft in Russland. Mischa Kazurin lebt mit seiner Großmutter in der Ukraine, sein Vater in einem Dorf 400 Kilometer von Moskau entfernt. Kazurin hat ein Gespräch mit ihm aufgezeichnet und auf seiner Website „Papa, powjer!", „Papa, glaub mir!", veröffentlicht. „Du bist mein Vater, ich bin dein Sohn", beginnt er das Gespräch. „Ich würde dir gern erzählen, was in meinem Leben passiert und in meinem Land. Sachen, die ich mit eigenen Augen gesehen habe und die du nicht glaubst." „Ich höre", antwortet der Vater. Kazurin erzählt ihm, dass die Informationen, die dieser aus den staatlichen russischen Fernsehkanälen erhält, falsch sind. „Ich werde das in

Betracht ziehen“, sagt der Vater und überschüttet seinen Sohn sogleich mit einer Flut von Vorwürfen. In der Ukraine seien Nazis an die Macht gekommen, russischsprachige Menschen würden dort unterdrückt, die USA würden Geld investieren, um Feindschaft zwischen slawischen Christen zu säen. Die Amerikaner würden Serbien, Palästina, Syrien, Georgien zerstören. Sie würden Waffen liefern, damit orthodoxe Christen sich gegenseitig töten. Als der Vater fertig ist, wird der Sohn konkreter. Aktuell bombardiere Russland die Ukraine. Die Großmutter und er würden das Haus nicht mehr verlassen, weil auf den Straßen geschossen werde. Er berichtet, dass russische und tschetschenische Soldaten mit Panzern durch die Straßen fahren, erzählt von Leichen in den Straßen. Er könne ihm Videos schicken. Raketen würden Häuser treffen. „Mischa“, hakt sein Vater ein, „ich glaube dir. Das ist wichtig für dich. Aber ich mache mir solche Sorgen.“ Dann bietet er seinem Sohn an, nach Russland zu kommen.

Der Vater ist in der Sowjetunion aufgewachsen, er weiß seit frühester Kindheit, dass das Staatsfernsehen ihn belügt. Trotzdem hat er große Schwierigkeiten, seinem Sohn zu glauben. Psychologen nennen das kognitive Dissonanz. Überall wird der Vater mit der Version der Staatspropaganda konfrontiert. Und auch die Vorstellung „Ein russischer Soldat tut so etwas nicht“ sitzt tief. Um nicht in den Abgrund zu stürzen, sperrt er sich wahrzunehmen, dass Russland die Ukraine vernichten will. Auf seiner Website rät Mischa Kazurin anderen, nicht aufzugeben. „Ein Gespräch reicht nicht. Rede immer wieder mit deinen Lieben. Es gibt keinen Grund, nervös zu sein, du sagst die Wahrheit. Die Wahrheit wird gewinnen.“

In Deutschland fragen im Sommer 2022 viele, warum die Soldatenmütter sich nicht zu Wort melden. In Sankt Petersburg leitet mittlerweile Oxana Paramonowa die Organisation. Sie zögert, ein Interview zu geben. Der Geheimdienst hat einen Erlass herausgegeben, demzufolge es die nationale Sicherheit bedroht, Informationen über die Lage innerhalb der russischen Armee zu sammeln. Wer es trotzdem tut, riskiert eine Gefängnisstrafe. Die Soldatenmütter Sankt Petersburg haben deshalb nach fast dreißig Jahren ihre Beratung für Wehrpflichtige eingestellt. Trotzdem rufen immer noch Eltern an, suchen Rat. Aktiv werden die Eltern nicht. Paramonowa meint, sie hätten Angst, sich für ihre Rechte und die ihrer Kinder einzusetzen. Ein Dutzend Frauen aus Burjatien nahe der Mongolei versuchen es trotzdem. Sie stellen ein Video ins Netz. Wind zerrt an ihren Kleidern. Eine liest eine Bitte an den Gouverneur vor: „Unsere Angehörigen wurden im Januar 2022 aus ihren Kasernen zu Manövern nach Belarus abkommandiert. Seit dem 24. Februar nehmen sie an der militärischen Sonderoperation in der Ukraine teil. Sie sind moralisch und körperlich erschöpft. Sie hatten lange keinen Urlaub. Wir bitten Sie, unsere Verwandten zurück in ihre Kasernen in der Republik Burjatien zu schicken."

Erneut ist es die Sorge um die eigenen Männer, Väter und Söhne, die die Menschen aktiv werden lässt. Den Krieg an sich kritisieren auch diese Frauen nicht. Sie schaffen es mit ihrem Video vor allem in ausländische Medien. Die breite russische Öffentlichkeit erfährt nichts von ihrem Protest.

Die Tatsache, dass 2022 nicht mal die Mütter von Soldaten zu einem koordinierten Protest fähig und willens sind, ihre eigenen Kinder vor dem Krieg zu bewahren, verdeutlicht wie kaum etwas anderes, welches Maß die Verrohung und Verängstigung der russischen Gesellschaft und welche Stärke der repressive Apparat angenommen haben. „Dreißig Jahre war Russland auf der Suche nach einer nationalen Idee. Jetzt hat es endlich eine gefunden. Sie heißt ‚Krieg'. Russland ist Krieg, Russland braucht Krieg", sagt der Soziologe Lew Gudkow im August 2022 in einem Interview mit dem amerikanischen Sender *Radio Swoboda*.

Auf der Suche nach einer Friedensbewegung in Russland feiern deutsche Medien im September 2022 einen Instagrampost von Alla Pugatschowa. Ihr Mann ist ins Visier der Behörden geraten und die Popdiva schreibt: „Ich bin solidarisch mit meinem Mann, der seiner Heimat Wohlstand wünscht, ein friedliches Leben, Redefreiheit und ein Ende des Sterbens unserer Jungs für illusorische Ziele, die unser Land zum Paria machen und das Leben unserer Bürger erschweren." Kein Wort zum Leiden der Ukrainer. Lindenberg teilt diesen Post. Davon gänzlich ungerührt ordnet Putin am 21. September die sofortige Mobilmachung an. Jetzt kann nahezu jeder eingezogen werden, denn die Kriegskommissariate, wie die Wehrersatzämter in Russland heißen, kümmern sich nicht um Alter, Krankheiten oder Studienplätze. Erst jetzt wird vielen Russen klar, dass der Krieg etwas kostet, im Zweifelsfall das Leben ihrer Freunde, ihrer Verwandten oder gar ihr eigenes. Nicht nur die Leben der anderen. Der Krieg ist in der Mitte der Gesellschaft angekommen, doch es ist wohl zu spät. Die Masse sitzt in der Falle, bekommt die Folgen der eigenen Gleichgültigkeit zu spüren. Zu Tausenden machen sich Männer auf, das Land zu verlassen. Zu Tausenden werden sie von den Kriegskommissariaten in den Krieg geschickt, ohne Ausbildung, Uniform, Versorgung. Kanonenfutter. Sie wollen nicht sterben, das ist klar. Sie trauen sich aber auch nicht, aufzubegehren. Die Antwort auf Jewtuschenkos Frage „Meinst du, die Russen wollen Krieg?" lautet im Herbst 2022: Es ist ihnen egal, solange sie nicht selbst von dem Krieg betroffen sind. Die Russen sind nicht fanatisch. Sie sind apathisch.

7. „Enkel von Opfern und Henkern“

Andrej Schukow hat viel Zeit. Er hat gesundheitliche Probleme und ist seit Langem arbeitsunfähig. Deshalb kann er sich intensiv seinen Hobbys widmen. Er sammelt Briefmarken, und er sammelt Namen. Nicht irgendwelche, sondern die von Mitarbeitern des NKWD, des sowjetischen Geheimdienstes unter Stalin. Fast fünfzehn Jahre lang hat er mehrere Tage die Woche in Archiven verbracht. „Was in den 30er Jahren passiert ist, war eine Schande. Mir fehlen die Worte dafür. Fast in jeder Familie gab es Opfer. Bei mir wurde ein Onkel erschossen.“ Unter Stalin wurden Millionen Unschuldige ermordet. Er hat den Zweiten Weltkrieg mitverursacht, er hat ganze Völker deportieren lassen und Millionen Menschen in den Hungertod getrieben. Dahinter steckte ein weitverzweigtes Netz aus Millionen von Spitzeln, Denunzianten und Vollstreckern. Sie wurden nicht zur Verantwortung gezogen. 2016 tut Schukow etwas, das es bis dahin in Russland noch nicht gegeben hat: Im Internet veröffentlicht er ein Verzeichnis mit 41 000 Namen von Tätern. Dazu Dienststellen, Beförderungen, Auszeichnungen. All diese 41 000 Menschen dienten in der Zeit des sogenannten Großen Terrors von 1935 bis 1939 im NKWD. „Ich fand die Sache wichtig. Für die Forschung.“ Die Organisation Memorial hat ihm geholfen, das Verzeichnis zu veröffentlichen. „Es trägt dazu bei, dass Menschen die Mechanismen von Verbrechen verstehen können“, sagt Nikita Petrow, der stellvertretende Vorsitzende von Memorial. Außerdem hofft er, mit der Liste die in Russland längst überfällige Debatte über Täter und die Verantwortung jedes Einzelnen anzustoßen.

Kaum sind die Namen öffentlich, geht der Ärger los. Eine Armada russischer Publizisten fällt über Schukow her. Sie fordern, die Website mit den Daten der Täter umgehend zu sperren. Ein Abgeordneter der Staatsduma schaltet die Staatsanwaltschaft ein. Sie soll prüfen, ob sich Memorial mit der Veröffentlichung der rund 41 000 Namen strafbar gemacht hat. Es könne sich um „Anstachelung zum Hass gegen eine bestimmte Gruppe“ handeln. Der viel gelesene Publizist Nikolai Starikow, ein Sowjetnostalgiker, behauptet, Memorial wolle mit der Täterliste die sowjetische Vergangenheit in den Dreck ziehen. Im Staatssender *Rossija 24* behauptete der Kolumnist Konstantin Sjomin, die Aufarbeitung der Vergangenheit gefährde die Existenz Russlands. Sie führe unvermeidlich zu Chaos und der Zerstörung des Staates. „In der DDR, in Rumänien, in Bulgarien, in Polen, egal wo: Erst wird die Staatssicherheit diskreditiert und unschädlich gemacht. Dann wird Reue zur Brechstange, mit der das sowjetische Erbe vollständig zertrümmert wird – bis hin zu Krieg, Brudermord, Raketenhagel und Flüchtlingen.“ So hätten Selbstverleugnung und Selbstmarterung, Kritik also an der eigenen Geschichte, speziell am Geheimdienst, Ende der 80er Jahre auch das Fundament der Sowjetunion „unterspült“.

Uns bleibt es ein Rätsel, wie man angesichts von Millionen Toten davon reden kann, dass die Vergangenheit in den Dreck gezogen wird. Diese Vergangenheit ist nicht sauber. Vielleicht gibt eine russische Redensart eine Antwort: „Man muss die Geschichte des eigenen Landes lieben wie die Mutter. Ihr stellt man auch keine unangenehmen Fragen.“ Petrow von Memorial fordert dringend einen kompletten Kurswechsel: „Eine totalitäre Regierungsweise, die Unterdrückung der Bevölkerung – all das existiert in Russland schon lange und wurde nie abgelegt. Wir haben keinen Strich unter die Vergangenheit gezogen. Wir haben sie juristisch nicht bewertet. Deshalb sind wir dazu verdammt, bestimmte Praktiken oder Gewohnheiten der sowjetischen Zeit zu wiederholen. Wenn wir eine Demokratie und einen Rechtsstaat aufbauen wollen, müssen wir über Täter reden."

Nach dem Ende der Sowjetunion hatte sich die Arbeit russischer Historiker auf die Opfer von Stalins Gewaltherrschaft konzentriert. Auch die Arbeit von Memorial. Die Millionen sollten Namen bekommen, sollten sichtbar werden. So lud die Organisation jedes Jahr am 29. Oktober dazu ein, auf dem Platz vor der berüchtigten Geheimdienstzentrale, der Lubjanka, die Namen der Opfer des Stalinismus zu verlesen. Das gelb-braune Gebäude mit seinen von Stuck umrandeten Fenstern und der Uhr über dem Hauptportal ist ein Symbol von Stalins Terrorherrschaft. In den Kellern wurden Tausende willkürlich gefoltert und getötet. Lieber zwei zu viel als einer zu wenig, war die Devise. Das Gebäude ist auch heute noch Sitz des Geheimdienstes. Jahr für Jahr folgten Hunderte der Einladung von Memorial, standen geduldig an, trotzten dem Schneeregen, manchmal auch dem frühem Frost, entzündeten Kerzen. Sie wollten erinnern, sie wollten Millionen von Menschen ihre Würde zurückgeben. Und sie wurden dabei sehr genau von schlecht getarnten Geheimdienstlern beobachtet, die in der Umgebung der Lubjanka unterwegs sind und filmen. 2020 bot die Coronapandemie den Behörden einen Anlass, die jährliche Gedenkveranstaltung zu untersagen. Memorial war den Mächtigen seit Langem ein Dorn im Auge, weil die Organisation sich eben nicht damit zufriedengab, die Opfer zu ehren, sondern auch die Täter benannte. Täter waren der Staat und alle, die ihm geholfen haben. Es war ein Terrorregime. Und die jetzige Führung sieht sich in genau dieser Tradition. Deshalb tun die Mächtigen alles, um vor allem die Täteraufarbeitung zu verhindern.

2016 ist ein Jahr, in dem gleich mehrere russische Publikationen unabhängig voneinander die Mittäter des Stalinismus ins Bewusstsein rücken wollen. In Tomsk in Sibirien sorgt der

Philosoph Denis Karagodin für Wirbel. Er hat nach jahrelanger Forschungsarbeit herausgefunden, wer für die Ermordung seines Urgroßvaters Stepan Karagodin 1938 verantwortlich war. Der war Bauer, wurde nachts abgeholt und nach wenigen Wochen in Haft wegen angeblicher Spionage für die Japaner erschossen. Seine Familie erfuhr erst Ende der 50er Jahre von seinem Tod. Denis, der Urenkel, hat es geschafft, eine ganze Kette von Verantwortlichen zu rekonstruieren, von der Schreibkraft des Geheimdienstes bis zu den Vollstreckern des Urteils. Er veröffentlicht die Namen. Karagodin möchte, dass sie im Nachhinein verklagt werden. Das wäre eine Sensation.

Eine Woche nach der Veröffentlichung bekommt Karagodin Post. Die Enkelin von einem der Geheimpolizisten, die seinen Urgroßvater hinrichteten, bittet ihn um Vergebung: „Ich danke Ihnen für die enorme Arbeit, die Sie geleistet haben, um diese schwierigen Wahrheiten ans Licht zu bringen. Es gibt uns Hoffnung, dass die Gesellschaft dank Menschen wie Ihnen endlich zur Vernunft kommt." Der Dankesbrief bleibt die Ausnahme. Viel mehr Menschen beschimpfen Karagodin wegen der Veröffentlichung der Täternamen.

Am weitesten geht 2016 der Publizist Wladimir Jakowlew. Er hat vor Jahren die ehemals unabhängige Qualitätszeitung *Kommersant* gegründet und ist 2014 nach Israel emigriert. Jakowlew veröffentlicht einen bemerkenswerten Text über die Täter in seiner eigenen Familie. Er beginnt mit einem Bekenntnis: „Ich bin nach meinem Großvater benannt. Mein Opa, Wladimir Jakowlew, war ein Mörder, ein blutiger Henker, ein Tschekist. Zu seinen vielen Opfern gehörten seine eigenen Eltern. Seinen Vater hielt er für einen Spekulanten und erschoss ihn. Seine Mutter, meine Urgroßmutter, erhängte sich, als sie davon erfuhr." Jakowlew schreibt von der geräumigen Wohnung seiner Kindheit in einem gehobenen Viertel nahe dem Kreml, auf die die Familie stolz war; er schreibt von dem alten geschnitzten Küchenbuffet, von dem gemütlichen Sofa, auf dem seine Großmutter ihm, dem kleinen Jungen, Märchen vorlas. „Wie ich später erfuhr, hat meine Oma, die ich sehr liebte, einen großen Teil ihres Lebens erfolgreich als professionelle Agentin und Provokateurin gearbeitet. Sie kam aus einer adligen Familie, und sie hat ihre Herkunft genutzt, um mit Menschen in Kontakt zu kommen und sie zum Reden zu verführen. Über die Gespräche hat sie dann Berichte verfasst. Das Sofa, auf dem ich die Märchen hörte, die Sessel, das Buffet und alle anderen Möbel haben mein Opa und meine Oma nicht gekauft. Sie haben sie sich in einem Lager ausgesucht, in das der Besitz erschossener Moskauer gebracht wurde. Tschekisten konnten sich dort kostenlos bedienen. Unter dem dünnen Schleier der Unkenntnis sind meine glücklichen Kindheitserinnerungen durchtränkt vom Geist des Raubes, von Morden, Gewalt und Verrat. Sie sind mit Blut getränkt."

Jakowlew bestätigt damit, was die Journalistin Jewgenia Albaz Anfang der 90er Jahre in ihrem Buch „Geheimimperium KGB" schrieb: Der Geheimdienst war und ist eine raubmörderische Organisation, die vor nichts zurückschreckt, nicht vor Erpressung, nicht vor Denunziation, nicht vor Mord. „Wie viel Zeit muss noch vergehen", fragte Albaz, „bis die Intelligenz und die heutigen Demokraten sich zu ihrer Schuld an alledem bekennen, was die Sowjetmacht jahrzehntelang in diesem Land angerichtet hat?" Niemand hat sich bisher zu der Schuld bekannt. Das Regime unter Putin setzt im Gegenteil mittlerweile alles daran, Vergangenheitsbewältigung zu verhindern. Aufgearbeitet wird nichts, alle werden gleich: Täter und Opfer, Weiße und Rote, Revolutionäre und Konterrevolutionäre. Keine Brüche, keine Diskussionen sollen die vermeintliche Einheit des Volkes und die angeblich kontinuierliche „Geschichte von Siegen" stören.

Die Geschichte brüllt einen im Moskauer Stadtbild seit Jahrzehnten fast unverändert an: Die monumentalen Bauten aus der Stalin-Zeit, rote Sterne, Hammer und Sichel, Ährenkränze, Mosaike mit Lenin und dem glücklichen Sowjetvolk, Denkmäler von Massenmördern. Wenig wurde abgebaut, fast nichts in den historischen Zusammenhang gestellt und erläutert. In den späten 50er Jahren verschwanden zwar die Zeugnisse des Personenkults um den Diktator aus dem Stadtbild. Komplett wurde das Andenken an Stalin jedoch nie verboten. Sein Leichnam wurde zwar ein paar Jahre nach seinem Tod aus dem Lenin-Mausoleum auf dem Roten Platz verbannt und wenige Meter weiter an der Kreml-Mauer beigesetzt, aber eine Entstalinisierung, die den Namen verdient, hat nie stattgefunden, auch nicht im unabhängigen Russland. An Stalins Todestag legen Hunderte seiner Anhänger an seinem Grab rote Nelken nieder, einige tragen dabei Stalin-Ikonen vor sich her. In Souvenirläden gibt es Tassen und Teller mit Stalin darauf. An der Metrostation Kurskaja wurde 2009 eine Mahnung aus der Zeit wiederhergestellt: „Uns erzog Stalin – zur Treue zum Volk, zu Arbeit und Heldentaten regte er uns an!“ In güldenen Lettern umkränzt dieser Satz die runde Kuppel im Säulenfoyer. Er stammt aus der sowjetischen Hymne, die 1950 gesungen wurde, als die Station eröffnet wurde. In Stein gehauene Figuren halten Lorbeerkränze und Maschinengewehre über die achtlos eilenden Menschen. Immerhin wurde die Stalin-Skulptur im Foyer noch nicht wieder errichtet. Die Nische, in der sie sich einst befand, ist leer. Anderswo in Russland stehen bereits wieder Stalin-Büsten. In der Region Twer knapp 200 Kilometer nordwestlich von Moskau wurde 2015 sogar ein Stalin-Museum neu eröffnet.

Statt sich der Schuld und Mitschuld zu stellen, wird der „Sieg über den Faschismus“ zum Identifikationspunkt Russlands unter Putin. Russland und die Sowjetunion werden dabei gleichgesetzt.

Hatten Putin und Medwedew Stalin früher noch einen Verbrecher genannt, verteidigen sie seine Politik längst als historisch notwendig. Stalins grauenhafter Terror gegen das eigene Volk und die anderen Sowjetrepubliken wird neuerdings überlagert vom Bild des starken Führers, der die Industrialisierung vorantrieb. Die Mächtigen schreiben Geschichte so, wie es ihnen in den Kram passt. Was sie nicht unter Kontrolle kriegen können, ist nicht willkommen. Und sie sind erfolgreich. Umfragen des Lewada-Zentrums zeigen, dass in den 90er Jahren eine große Mehrheit der Russen in Stalin den blutigen Tyrannen sah, der er war. Bis 2017 sank ihr Anteil auf unter vierzig Prozent der Bevölkerung, und die Hälfte der Jugendlichen hatte noch nie etwas von politischer Repression unter Stalin gehört. Bei den jungen Leuten macht sich die Ansicht breit: „Es wird schon einen Grund gehabt haben. Niemand wird doch einfach so erschossen. Irgendetwas werden sie auf dem Kerbholz gehabt haben." Das erzählt uns eine Bekannte, die eine Doktorarbeit an der Universität Moskau schreibt. In Geschichte, wohlgemerkt. Sie glaubt, die Repressionen unter Stalin würden gezielt vom Ausland überhöht, um die historische Rolle der Sowjetunion zu schmälern. Unwissen ist ein Grund für das oft scheinbar unerklärliche Verhalten in der russischen Gesellschaft. Die Gesellschaft behandelt den Terror ähnlich wie den Krieg, als sei er über sie gekommen wie die Pest.

Verhängnisvoll ist aber nicht nur, dass der Massenmörder Stalin und seine Helfer ungestraft davonkamen und dass es immer mehr zur Gewissheit wurde, dass Verbrechen ungesühnt bleiben; eine große Rolle spielen auch unbewältigte Traumata, die sich bis heute im Unterbewusstsein eines jeden Einzelnen fortsetzen: „Wir alle, die in Russland aufgewachsen sind, sind die Enkel von Opfern und Henkern. Absolut alle. Alle, ohne Ausnahme", mahnt der Publizist Wladimir Jakowlew 2016. Er fordert die Russen auf, sich dem zu stellen: „Wenn wir den Maßstab der Tragödien der russischen Vergangenheit bewerten, zählen wir gewöhnlich die Toten. Aber um den Einfluss dieser Tragödien auf die Psyche der künftigen Generationen in ihrem ganzen Ausmaß zu ermessen, muss man nicht die Toten zählen, sondern die Überlebenden. Die Toten sind tot. Die Überlebenden wurden unsere Eltern und Eltern unserer Eltern. Die Überlebenden sind Witwen, Waisen, Hinterbliebene, Verbannte, Enteignete; Menschen, die aus dem Land gejagt wurden, Menschen, die, um sich selbst zu retten, für eine Idee oder für den Sieg getötet haben; es sind Verratene und Verräter, Ruinierte, Menschen, die ihr Gewissen verkauft haben, zu Henkern wurden, die gefoltert wurden und gefoltert haben, Vergewaltigte, Verkrüppelte, Ausgeraubte, Menschen, die gezwungen wurden, andere zu verraten, Menschen, die sich aus düsterem Schmerz, Schuldgefühl und verlorenem Glauben dem Alkohol hingaben; es sind Erniedrigte und Menschen, die tödlichen Hunger, Gefangenschaft, Besatzung und Lager durchgemacht haben. Es sind Zigmillionen Tote. Es sind Hunderte Millionen Überlebende. Hunderte Millionen haben ihre Angst, ihren Schmerz, ihr Gefühl ständiger Bedrohung von außen an ihre Kinder weitergegeben."

Unser Sankt Petersburger Unternehmerfreund Pawel hat uns mal erzählt, dass seine Großmutter aus einer Kulaken-Familie stammt. Kulaken hießen die wohlhabenden Bauern im zaristischen Russland. Stalin ließ sie enteignen, zwangsumsiedeln und deportieren. Zigtausende wurden erschossen, noch viel mehr starben an Hunger, Kälte, Krankheit. Wir haben Pawels Großmutter noch kennengelernt, sie war eine gebildete Frau und konnte gut erzählen. Pawel hat ihr als Kind oft zugehört und sagt: „Aus ihren Erzählungen habe ich die Überzeugung mitgenommen, dass meine Nachbarn, denen ich jeden Morgen Guten Tag sage, mir unter bestimmten Umständen alles wegnehmen und mich sogar umbringen können."

Der Publizist Wladimir Jakowlew hatte jahrelang Angst vor anderen Menschen. Er schreibt: „Uns scheint oft, die beste Art, sich vor der Vergangenheit zu schützen, sei, nicht an ihr zu rühren, nicht in der Familiengeschichte zu graben, nicht in den Schrecken, die unseren Lieben zugestoßen sind. Wir meinen, es sei besser, nichts zu wissen. Aber es ist schlechter. Viel schlechter." Russlands Machthaber profitieren von den unbewältigten Traumata. Putin spielt mit diesen Ängsten. Seine Macht basiert auf dem Schreckensbild einer äußeren Bedrohung Russlands durch die NATO, durch den „Westen", durch „ausländische Agenten". Das Vokabular ist identisch mit dem der Stalin-Zeit. In Wirklichkeit existiert keine Bedrohung durch die NATO, und Bürgerrechtler sind keine „ausländischen Agenten". „Wir sind nicht fähig, anzuerkennen, wie sehr dieses Trauma unsere heutige Wahrnehmung der Realität verzerrt", mahnt Jakowlew. „Unabhängig davon, was genau jeder Einzelne von uns als Bedrohung sieht – Amerika, den Kreml, die Ukraine, Homosexuelle oder Türken, das ‚perverse' Europa, die fünfte Kolonne oder auch nur den Chef bei der Arbeit oder den Polizisten am Metroeingang – wesentlich ist, dass wir anerkennen, in welchem Maß das persönliche Gefühl einer Bedrohung von außen in Wirklichkeit nur ein Gespenst der Vergangenheit ist, dem wir nicht in die Augen sehen wollen."

Das unbewusste Trauma macht die Menschen seltsam stumpf. Es gibt kein Mitleid, selbst ihr eigenes Schicksal scheint vielen schnell egal zu sein. Dass *nicht* aufgearbeitet wird, führt zu „Krieg, Brudermord, Raketenhagel und Flüchtlingen", nicht andersherum, wie der Kolumnist Sjomin als Reaktion auf die Täterliste im Staatsfernsehen behauptete. Denn Kriege entstehen oftmals dann, wenn auf Legenden der Vergangenheit beharrt wird, statt diese gemeinsam mit denen aufzuarbeiten, die ein anderes Bild der Geschichte haben.

Jakowlews Text bleibt 2016 ohne große Wirkung. Erst 2022 wird er in sozialen Netzwerken heftig diskutiert, vor allem von Russen, die im Exil leben und sich fragen, wie alles so weit kommen konnte. Eins steht fest: Ohne individuelle und kollektive Aufarbeitung wird Russland auch in Zukunft den Frieden weltweit gefährden.

8. Schuld ohne Sühne

Im April 2022 veröffentlicht der ukrainische Geheimdienst eine ganze Reihe Telefonate, die mutmaßlich russische Soldaten mit ihren Angehörigen geführt haben. Die Weltöffentlichkeit weiß zu diesem Zeitpunkt noch nichts von den Massakern, den Folterungen und Vergewaltigungen in den von Russland seit dem 24. Februar besetzten Gebieten, von den massenhaften Kriegsverbrechen in Butscha, Hostomel, Irpin und all den anderen Orten. Aber die mitgeschnittenen Telefongespräche lassen Schlimmstes ahnen. Vor allem ein Telefonat schockiert: „Vergewaltige ruhig die ukrainischen Weiber, ja?", sagt eine Frau ihrem Mann. „Aber erzähl mir nichts davon, okay?" – „Ich soll sie vergewaltigen und dir nichts sagen?" – „Ja, ich will es nicht wissen." – „Also ich darf das?" – „Ja, ich erlaube es. Aber sieh zu, dass du verhütest." – „Okay." Journalisten von *Radio Swoboda* haben das Paar später anhand der Telefonnummern identifiziert. Sie haben die Frau angerufen und die Stimmen verglichen. Es soll sich um einen 27-jährigen Soldaten von der Krim und seine Ehefrau handeln. In einem anderen Telefongespräch ermuntert eine Mutter ihren Sohn, ruhig Ukrainer zu töten: „Das sind doch keine Menschen."

Die Täter gehen davon aus, straffrei zu bleiben. Berichte über solche Gespräche, über die Plünderungen und Vergewaltigungen selbst von Säuglingen sorgen bei vielen für ungläubiges Entsetzen. Die russische Gesellschaft ist in einem Ausmaß von Gewalt und Aggression geprägt, das für Außenstehende kaum vorstellbar ist. Gewalt als Mittel der Auseinandersetzung ist in weiten Teilen der russischen Gesellschaft akzeptiert. Im April 2022 zeichnet Wladimir Putin die Brigade, die in Butscha massakriert, gefoltert, vergewaltigt und geplündert hat, sogar aus. Für angeblich „massives Heldentum und Mut, Tapferkeit und Unerschrockenheit" erhält sie den Ehrentitel Gardebrigade.

Russland hat nicht nur die Verbrechen der Stalin-Zeit nicht aufgearbeitet. Es hat auch nie einen Rechtsstaat entwickelt, in dem Opfer von Gewalt Gerechtigkeit einklagen könnten. Putin hat ganz im Gegenteil von Anfang an das Recht des Stärkeren propagiert. Er rühmt sich seiner Jugend in den Leningrader Hinterhöfen und prahlt damit, dort eines gelernt zu haben: „Wenn eine Schlägerei unausweichlich ist, schlag als Erster zu." Unter Putin ist die politische Kultur immer weiter verroht, ein Tabubruch folgte dem nächsten. In besonderer Erinnerung bleibt der mittlerweile verstorbene langjährige Duma-Abgeordnete und Parteichef der sogenannten Liberaldemokraten, Wladimir Schirinowski. Bei einer Pressekonferenz forderte er seinen Assistenten vor laufenden Kameras auf, eine schwangere Reporterin „hart" zu vergewaltigen, weil ihm ihre Frage nicht gepasst hatte.

Die Massen seien unter Putin zynisch geworden, meint der Soziologe Lew Gudkow im Sommer 2022 in einem Gespräch mit *Radio Swoboda*. Die, die sich von Putin haben prägen lassen, beschreibt er als „beleidigt, böse und rachsüchtig". Der Mensch habe generell keine festen, vorbestimmten Werte und Überzeugungen, er sei formbar. Dabei spielten Institutionen eine entscheidende Rolle: „Je nachdem, was für einen Boden die Institutionen bereiten, kann der Einzelne besser, moralischer, eher am Recht orientiert sein oder eben wie heute stärkste Prozesse der Verderbtheit, der Perversion durchlaufen. Die alltägliche Gewalterfahrung ist extrem wichtig, von ihr lernt er."

Wenn Gudkow von alltäglicher Gewalterfahrung spricht, ist das nicht übertrieben. Der Ton in der russischen Öffentlichkeit ist rau. Das beginnt mit der schroffen Anrede der Mitmenschen mit

„Schenschtschina!“ („Frau!“) oder „Muschtschina!“ („Mann!“) und steigert sich.

Betrachten wir einen ganz gewöhnlichen Tag eines durchschnittlichen Moskauer Arbeitnehmers. Wer mit der Metro fährt, dem prallt beim Betreten der Station nicht selten eine schwere Schwingtür entgegen, weil die Person vor einem sie nicht etwa aufhält, sondern zufallen lässt. Auf der Straße preschen Autofahrer hupend los und jagen Menschen von der Fahrbahn, die es aufgrund der viel zu kurzen Grünphasen für Fußgänger noch nicht über die Straße geschafft haben. Wer nach einem Arbeitstag mit beschwerlich langen Wegen Entspannung vor dem Fernseher sucht, hat oft nur die Wahl zwischen Kriegsfilmen, Actionfilmen und Talkshows, in denen sich die Beteiligten anschreien. Es ist nichts anderes als Gewalt, wenn unsere Moskauer Freundin Ljudmila sich mit über siebzig die Elle bricht, der Chirurg sie falsch operiert und zu dem Knick, den sie anschließend an der falschen Stelle im Arm hat, beiläufig feststellt: „Macht doch nichts, in Ihrem Alter wollen Sie ja keine Bolschoi-Ballerina mehr werden.“ Da Ljudmila weiß, dass sie so gut wie keine Chance hat, sich gegen den Arzt zu wehren, versucht sie es gar nicht erst.

Das Fatale dabei ist: Der russische Staat schaut nicht nur zu, er schützt die Gewalttäter. Nichts anderes geschieht, als am 11. Januar 2017 Jelena Misulina, Senatorin im Föderationsrat, an das Rednerpult der Staatsduma tritt. Sie wirbt für ein neues Gesetz zum Umgang mit häuslicher Gewalt, einem großen Problem in Russland. Die Frau mit der altmodischen Hochsteckfrisur weiß die Mehrheit der Politiker, Elternverbände und die orthodoxe Kirche hinter sich. „Wer einem Verwandten eine verpasst, bekommt bis zu zwei Jahre Freiheitsentzug. Wer das Gleiche bei einem Fremden tut, bekommt eine Ordnungsstrafe. Das ist eine himmelschreiende Ungerechtigkeit“, erklärt sie den Abgeordneten. Misulina plädiert aber nicht etwa dafür, die Strafen für Gewalt gegen Fremde hochzusetzen. Sie will im Gegenteil, dass künftig auch häusliche Gewalt nur noch mit einer Geldstrafe geahndet wird. Wer Frau, Kind, Eltern, Ehemann verprügelt, soll nicht mehr hinter Gitter, sondern im Höchstfall umgerechnet rund 500 Euro zahlen. Vorausgesetzt, es handelt sich um das erste Mal und das Opfer trägt keine schweren gesundheitlichen Schäden davon. „So fürchterlich das Wort Prügel klingen mag, in Wirklichkeit ist das Gewalt ohne Schäden für die Gesundheit, es ist sogar Gewalt ohne Gewalt", sagt Misulina. Sie bekommt viel Beifall, unter anderem von Wladimir Schirinowski, dem Abgeordneten, der zur Vergewaltigung einer Journalistin aufrief. Er findet, das Gesetz werde die Familien stärken. Ein russisches Sprichwort sagt: „Wenn er dich schlägt, liebt er dich." Menschenrechtsorganisationen und Opferverbände schlagen Alarm: Anders als bei den meisten Straßenschlägereien richte sich Gewalt in der Familie immer gegen die Schwächsten. Sie bedürften eines besonderen Schutzes durch den Staat. Genau das werde die Gesetzesnovelle verhindern. Noch darf die Polizei beim bloßen Verdacht häuslicher Gewalt eigenständig gegen den mutmaßlichen Täter in der Familie ermitteln und Anklage erheben. Nach dem neuen Gesetz soll ein Opfer häuslicher Gewalt nur noch im Wiederholungsfall vor Gericht ziehen dürfen. Und es muss die Beweise auch noch selbst sammeln.

„Die Frauen reden aber auch jetzt schon nicht darüber, was ihnen passiert", erzählt die Anwältin Anna Riwina vom Netzwerk *nasiliu.net*, was übersetzt „Nein zur Gewalt" bedeutet. Auch sie findet Misulinas Entwurf gefährlich. „Siebzig bis achtzig Prozent der Fälle bleiben ohnehin im Dunklen. Die Strafe für häusliche Gewalt zu verringern, ist ein Rückschritt. Die Gewalt in den Familien wird danach noch zunehmen." Die genauen Zahlen häuslicher Gewalt in Russland kennt niemand. Behördenangaben sind häufig unseriös, Schätzungen vage. Dass das Problem groß ist, bestreitet niemand.

Swetlana lebt in Kriwjanskoje, einer ehemaligen Kosakensiedlung in der Nähe von Rostow am Don mit etwa 10 000 Einwohnern. Es ist Januar 2009. Als wir in dem Ort ankommen, herrscht strenger Frost. Die Straßen sind schnurgerade und leer, der Asphalt grau und rissig, die Häuser hinter den Bretterzäunen bunt gestrichen. Daneben Schuppen und Plumpsklos. Köter bellen ihre Einsamkeit heraus. Ab und zu ein windschiefer Kiosk. Die Gärten sind groß und voll mit Reihen nackter, rostiger Metallbögen. An einigen weht Folie: Gewächshäuser. Kriwjanskoje ist berühmt für seine Tomaten. Schon bald werden die Bewohner die Gestelle frisch mit Planen überspannen und die Saat in die Erde bringen.

Swetlana kommt trotz der Kälte in ihrem kurzärmligen Hauskleid heraus auf den Hof, öffnet die Pforte zu ihrem Grundstück. „Unsere Männer haben sich schon daran gewöhnt, dass wir Frauen vom Pflügen bis zur Ernte alles machen. Im Sommer arbeiten wir, solange es hell ist. So viel schaffen nur Frauen." Auf einer Bank stehen Schüsseln und Wannen. Hinter dem Haus erstrecken sich drei Hektar Ackerland. Im Herbst haben sie und ihre Tochter es mit dem Spaten umgegraben.

Swetlana ist eine Autorität im Ort. Sie kämpft gegen das, wie sie findet, größte Übel in Kriwjanskoje: Gewalt gegen Frauen, verübt meist von betrunkenen Männern. „Ich war oft bei der Polizei, wenn mein Mann mich geschlagen hat. Das Schlimmste ist, dass sie uns überhaupt nicht hilft. Die Polizisten haben sich über mich eher noch lustig gemacht, die haben gesagt: ‚Du lebst ja noch, so schlimm kann es nicht gewesen sein. Komm doch wieder, wenn er dich totgeschlagen hat.'" Irgendwann hat sie ihrem Mann selbst die Grenzen gezeigt. „Er hat aufgehört, mich zu schlagen, als er selbst die ersten Schläge kassiert hat. Die Kinder wurden erwachsen und haben angefangen, ihn zu verprügeln. Das hat ihn aufgehalten. Nur Angst kann einen betrunkenen Mann stoppen.

Denn daran, dass er selbst verprügelt wurde, erinnert er sich auch in betrunkenem Zustand." Seitdem rufen die Frauen in Kriwjanskoje nicht mehr die Polizei um Hilfe, sondern Swetlana. Sie hilft immer. „Ich kann nicht zusehen, wenn ein Mann seine Frau misshandelt. Du kannst ihn anschreien, du kannst ihm in den Arm fallen – irgendetwas kannst du immer tun."

Im Wohnzimmer sitzen die Schwiegertochter, die Schwägerin, die Nachbarin und eine Freundin. Alle wohnen in Kriwjanskoje. Es ist ein Feiertag, die Tochter deckt den Tisch, die Enkeltochter klettert auf das Sofa. „Wir haben ein echtes Matriarchat. Mein Enkel ist der einzige Mann im Haus." Ihren Ehemann zählt Swetlana gar nicht mehr mit. Er ist mal wieder betrunken, wie so oft, liegt draußen in der Sommerküche und schläft. Sie hat ihn ausquartiert. „Er ist immer mal wieder nüchtern. Wenn ihm danach ist, säuft er wieder. So viel er will. Kurz vorm Totsaufen hört er auf. Aber nur für eine kurze Zeit. Dann säuft er wieder." Walja, die Nachbarin, schaut nachdenklich. Sie trägt Rock und Kopftuch: „Gott sagt doch: Wer frei von Schuld ist, der werfe den ersten Stein. Wir sind doch alle seelenkrank. Die Umstände erdrücken uns." Swetlana müsse Nachsicht mit ihrem Mann üben. Swetlana kennt diese traditionelle unterwürfige und duldsame Art und schüttelt energisch den Kopf. „Was nützt uns diese Vergeistigung, wenn ich oder meine Nachbarinnen direkt bedroht werden? Wenn wir körperlich angegriffen werden?"

Ihre eigenen Söhne und Enkel erzögen sie anders, sagen die Frauen im Wohnzimmer. Sie schenkten ihnen besonders viel Aufmerksamkeit, damit aus ihnen anständige Männer würden. „Die Männer sind bei uns keine Männer mehr", klagt Swetlana, und alle nicken. „Dass eine Frau sich nur ab und zu mal – ich sage ja nicht: immer – auf ihren Mann stützen kann; dass sie mal fühlt: das ist mein Ehemann, ein Familienoberhaupt, das gibt es praktisch nicht mehr." In der Gesellschaft ist das Ideal des „Muschik" verbreitet, des leicht aggressiven Machos. Ein Ideal, das auch Wladimir Putin pflegt. Den Frauen hat gefallen, dass er sich mit nacktem Oberkörper, in Militärhose und mit Messer am Gürtel hat fotografieren lassen. Auch Swetlanas Schwiegertochter findet Putin attraktiv. Sie ist um die vierzig, trägt ein grünes Strickkleid und die Haare kurz: „Natürlich sind wir alle verrückt nach ihm. Bei ihm sieht man auf den ersten Blick, dass er ein anständiger Mann ist." Dieser anständige Mann unterzeichnet 2017 das Gesetz, das die Strafen für häusliche Gewalt lockert. Für Frauen wie Swetlana ist es ein weiterer Schlag ins Gesicht. Nun ist erst ein Verbrecher, wer Familienangehörige ein zweites Mal verprügelt. In der Duma stimmen 380 von 383 Abgeordneten für das Gesetz. Ein Jahr später zieht die Menschenrechtsorganisation Human Rights Watch eine vernichtende Bilanz. Demnach ist in Russland die Gewalt in Familien seit der Gesetzesänderung um ein Vielfaches gestiegen.

Ein anderer Bereich, in dem Gewalt und Willkür herrschen und nichts dagegen unternommen wird, ist der russische Strafvollzug. Auch davon sind vergleichsweise viele Menschen betroffen. In Russland kommen auf 100 000 Einwohner 356 Häftlinge, das hat der Europarat für das Jahr 2019 herausgefunden. Das sind fast dreieinhalb Mal so viel wie im europäischen Durchschnitt. In die Mühlen dieses Systems kann jeder geraten. Menschenrechtler schätzen, dass ein Drittel der Häftlinge in Russland zu Unrecht einsitzt.

Ruslan Wachapow war einer von ihnen. Er lebt in Jaroslawl an der Wolga. 2011 war er beruflich mit dem Auto unterwegs und musste mal. Während er am Straßenrand pinkelte, sahen ihn Kinder. Jemand zeigte ihn an wegen Pädophilie. Der Ermittler habe ihm signalisiert, die Untersuchungen gegen ein Schmiergeld einzustellen. Ruslan weigerte sich zu zahlen und landete vor Gericht. Namhafte russische Menschenrechtsorganisationen haben sich für ihn eingesetzt, dennoch musste er fünfeinhalb Jahre in Haft. Seit seiner Entlassung arbeitet er für die Gefangenenhilfsorganisation Rus Sidjaschtschaja, Sitzendes Russland, die sich im ganzen Land für einen humanen Strafvollzug einsetzt.

Im Sommer 2019 zeigt er uns die Strafkolonie, in der er eingesperrt war. Wir verlassen Jaroslawl in seinem alten Kombi und erreichen nach etwa einer halben Stunde ein mit Beton ummauertes Gelände. Auf der Mauer rostiger Stacheldraht. Das Lager. Im Volksmund auch: die Zone. Von den Häftlingsunterkünften sind nur Dächer zu sehen. Es sind Baracken aus der Sowjetzeit, zweistöckig für mehrere Dutzend Menschen. Ruslan biegt auf einen Feldweg ab und fährt zur Rückseite der Kolonie. Auf Höhe eines unverputzten Betongebäudes hält er an. „Das ist der Straftrakt mit den Einzelzellen. Ich war dort oft. Im Erdgeschoss ist es furchtbar kalt. Sogar im Sommer. Da helfen nicht mal Wollsocken. Seht ihr außen das große Gitter? Dahinter kommt noch eins, und innen in der Zelle ist noch ein drittes. Da kommt überhaupt kein Sonnenlicht rein. Das obere Stockwerk dagegen heizt sich im Sommer so stark auf, dass du dich bis auf die Unterhose ausziehst. Dann kommt ein Wärter und notiert, dass du gegen die Kleiderordnung verstoßen hast. Und dann sitzt du gleich noch länger dort." Er zeigt auf ein vergittertes Fenster ganz am Ende des Betongebäudes. „Da ist der Klassenraum für erzieherische Arbeiten. Da bin ich verprügelt worden. In diesem Raum werden die Neuankömmlinge durchsucht. Erst müssen sie sich komplett nackt ausziehen, dann werden sie erzogen." Der Raum heißt offiziell so: Klassenraum für erzieherische Arbeiten. Legal ist das Prügeln jedoch nicht. „Aber es ist üblich", sagt Ruslan. „Das Personal ist der Meinung, dass Erziehung nur mit Prügel funktioniert." Oft geht es bei den Gewaltexzessen darum, Geld und Geschäftsvermögen abzupressen oder belastende Zeugenaussagen gegen Dritte herauszuprügeln. Manchmal wollen die Wärter auch den Willen eines Gefangenen brechen und sich ein Netz von Zuträgern im Gefängnis schaffen.

Sie nehmen einen Häftling, der unter den Mitgefangenen Autorität genießt, erniedrigen ihn sexuell, filmen das und drohen ihm, die Aufnahmen im Lager zu verbreiten. Die Rangordnung unter den Häftlingen ist brutal, wer als Opfer gilt, wird seines Lebens nicht mehr froh.

Ruslan hat sich nicht brechen lassen. Er sei meist von Angehörigen von Spezialkräften geschlagen worden, die von Zeit zu Zeit die Baracken nach verbotenen Gegenständen durchkämmen, erzählt er. „Die Spezialeinheiten sind vermummt und schlagen professionell. Du hast hinterher blaue Flecken, Schrammen und schreckliche Schmerzen. Aber sie brechen dir nichts. Deshalb kannst du ihnen anschließend nichts nachweisen." Es gibt zahlreiche Fälle, in denen Häftlinge zu Tode kamen, weil sie, wie es offiziell heißt, eine Treppe hinunterfielen. Die Täter werden in der Regel gedeckt.

Umso ungewöhnlicher war es, als 2018 ein Foltervideo an die Öffentlichkeit drang, und zwar genau aus diesem Lager bei Jaroslawl, in dem Ruslan saß. Darin ist zu sehen, wie ein gutes Dutzend Mitarbeiter einen Häftling brutal misshandelt. Der Gefangene hatte einen Wärter geduzt, hatte an einem Ort geraucht, der dafür nicht vorgesehen war, und er hatte sich mehrfach schriftlich bei den Vorgesetzten über die Wärter beschwert. Rund zehn Minuten lang zeigt das Video, wie die Uniformierten den Mann bäuchlings auf einen Tisch drücken, mit Gummiknüppeln auf seine nackten Füße und Unterschenkel einprügeln, ihm auf den Kopf schlagen, ihn mit Wasser übergießen. Die Moskauer Zeitung *Nowaja Gaseta* veröffentlichte das Video. In der Folge wurden fünfzehn Wärter angeklagt, darunter der Leiter der Kolonie. Die ersten Verfahren wurden noch im gleichen Jahr eröffnet.

Ruslan wendet seinen Kombi. Wir fahren weiter zu einem anderen Lager. Es ist nur wenige Kilometer entfernt. Er will dort Spenden für Häftlinge abgeben, die sich an das „Sitzende

Russland“ gewandt haben. Ihnen fehlt das Nötigste: Rasierer, Seife, Shampoo. Alles ist knapp. Der russische Strafvollzug ähnele auch heute noch in vielerlei Hinsicht dem Gulag, dem grausamen Lagersystem der Sowjetunion, erzählt Ruslan. „Im Prinzip gibt es keinen Unterschied. Es wurde nur einiges umbenannt.“ Wie zum Beweis steht nahe der Einfahrt in das zweite Lager unübersehbar für jeden Besucher ein Gedenkstein mit Hammer und Sichel, Schild und Schwert – den Insignien des NKWD. Die Vorgängerorganisation des KGB war für die Arbeits- und Straflager des Gulag zuständig. Hunderttausende Strafgefangene wurden damals zur Arbeit verpflichtet. Dadurch wurden Großprojekte der Sowjetunion wie Staudämme oder die Transsibirische Eisenbahn möglich. „Ein Denkmal dieser Art steht in jeder Kolonie“, erläutert Ruslan. „Die Strafvollzugsbehörde ist immer noch stolz darauf, dass sie aus dem NKWD hervorgegangen ist.“ Das heißt, sie ist stolz auf Zigmillionen Terroropfer.

Heute untersteht der russische Strafvollzug dem Justizministerium. Doch die Wärter tragen weiterhin Uniformen und Schulterklappen wie beim Militär. „Darin fühlen sie sich stark. In Zivil ist davon nicht viel übrig“, sagt Ruslan und erzählt, wie er im Supermarkt kürzlich den Ermittler traf, der ihn vor Jahren hinter Gitter brachte. „Als er mich gesehen hat, hat er vor Schreck den vollen Einkaufswagen stehen lassen und ist an mir vorbei aus dem Laden gelaufen. Außerhalb der Kolonie haben diese Leute Angst, einem in die Augen zu schauen.“

In einem länglichen Gebäude auf dem öffentlich zugänglichen Teil des Lagers ist eine Tür geöffnet. Davor stehen ein paar Leute Schlange. Ruslan reiht sich ein. Alle haben Tüten dabei. Zögerlich zeigen sie uns den Inhalt: Zigaretten, Tee, Süßigkeiten, Wurst. Dazu Fertiggerichte: Pulver für Kartoffelbrei und Tütensuppen. Außerdem Seife, Klopapier, Medikamente. An einer kleinen Klappe können sie die Tüten abgeben. Die Männer und Frauen sind wortkarg. „Ihre Angehörigen sitzen hier ein“, erläutert Ruslan, „wenn sie reden, kann das für die Leute drinnen sehr gefährlich sein. Sie werden dann geschlagen oder kommen in die Strafzelle.“ In den fünfeinhalb Jahren seiner Haft hat Ruslan zwanzig Kilogramm Gewicht verloren. Ihm fehlen alle Backenzähne. „Die sind mir alle in der Zone ausgefallen. Wegen Vitaminmangels, wegen schlechter Ernährung. Das größte Problem in den Kolonien sind die Zahnärzte. In Jaroslawl gibt es einen einzigen für vier oder fünf Kolonien. Also für Tausende Menschen. Er zieht nur Zähne. Er plombiert nicht, er setzt nichts ein. Zahngeschichten sind furchtbar. Der Zahnarzt sagt selbst: ‚Schau mal, ich habe keine sterile Zange zum Ziehen.‘ Niemand will doch Hepatitis oder AIDS bekommen. Ich habe mitbekommen, wie einer zwei Monate auf der Krankenstation lag, nachdem ihm ein Zahn gezogen wurde. Da gehst du lieber unverrichteter Dinge wieder weg. Dem Zahnarzt ist das egal, der bekommt ohnehin nur einen Hungerlohn. Als ich ins Gefängnis kam, war ich kerngesund. Jetzt habe ich Probleme beim Wasserlassen. Ich bin oft mit Schlagstöcken auf die Nieren und die Leber geschlagen worden. Ich gehe aber lieber nicht zum Arzt. Für eine gute Therapie braucht man Geld. Meines reicht gerade für meine Kinder und meine Frau.“

Während er redet, fährt ein Auto vor, biegt ab, hält vor einer großen Halle. „Das ist das Gemüselager der Kolonie“, erläutert Ruslan. Ein Mann steigt aus, verschwindet in der Halle, kommt mit Kartons wieder heraus und lädt sie auf die Rückbank. „Warum lädt der dort Sachen aus dem Lager ein? In ein Zivilfahrzeug? Oder ist das etwa ein Wagen der Strafvollzugsbehörde? Ist es nicht. Deren Autos haben grüne Streifen. Der klaut, was für die Häftlinge gedacht ist!“

Ruslan hält den russischen Strafvollzug für ein Abbild der Situation im ganzen Land, weit über die Gefängnisse und Lager hinaus. „Einige wenige haben geraubt, was dem Land und den

Menschen gehört. Genauso ist es in den Lagern. Die Oberen stehlen alles: Lebensmittel, Hygieneartikel, sogar Klopapier. Solange im Staat keine Ordnung herrscht, wird es auch im Strafvollzug nicht besser." Ruslan behält recht. 2020 werden mehrere Wärter, die aufgrund des Foltervideos aus der Kolonie in Jaroslawl angeklagt wurden, zu mehrjährigen Haftstrafen verurteilt. Der Direktor und sein Stellvertreter werden freigesprochen. Wie meist kommen die Verantwortlichen davon.

Im Oktober 2021 veröffentlicht die Menschenrechtsorganisation *gulagu.net* neue umfangreiche Videoaufnahmen, die zeigen, wie Häftlinge gefoltert werden. Dieses Mal in einem Gefängniskrankenhaus in Saratow an der Wolga. „gulagu.net" heißt „Nein zum Gulag". Wieder sind Gefangene zu sehen, die auf Tische gebunden und zusammengeschlagen werden, nackte Männer, die auf jede erdenkliche Weise brutal misshandelt und vergewaltigt werden. Der Mann, der die Aufnahmen aus dem Gefängnis herausgeschmuggelt hat, heißt Sergej Saweljew. Er hat sich sicherheitshalber nach Frankreich abgesetzt. Saweljew kommt aus Belarus, hatte in Minsk ein Studium begonnen, ging dann nach Russland, um Geld zu verdienen, kam dort mit dem Gesetz in Konflikt und wurde zu mehreren Jahren Haft verurteilt. 2016 wurde er mit Verdacht auf Tuberkulose aus dem Lager in das Gefängnishospital verlegt. „Tags darauf kam ein Mann aus der Sicherheitsabteilung zu mir und sagte: ‚Wir suchen dringend einen Assistenten.' Ob ich Computerkenntnisse hätte, Word, Excel, Photoshop und so etwas." Saweljew sagte zu und arbeitete fortan in der Sicherheitsabteilung des Gefängnisses. Dort liefen unter anderem die Daten der Überwachungskameras zusammen, die die Wärter in russischen Haftanstalten ständig am Körper tragen müssen.

„Nach etwa zwei Jahren habe ich erstmals Zugang zu sensiblem Material bekommen", erzählt Saweljew. An das erste Mal, dass er die Folter von Häftlingen sah, kann er sich nicht erinnern.

„Irgendwann ist alles in einer endlosen Abfolge von Folterbildern verschwommen." Schnell war ihm klar, wie brisant die Aufnahmen sind. „Die Videos wurden mit den Körperkameras der Wärter gemacht. Diese Geräte sind registriert, nur Mitarbeiter der Gefängnisverwaltung dürfen sie benutzen, und die Ausgabe wird streng protokolliert. Die Dienstnummern der Wärter waren klar zu erkennen. Außerdem ist auf einigen Aufnahmen genau zu sehen, dass die Häftlinge mit Handschellen gefesselt wurden. Auch an die kommen nur Mitarbeiter heran. Ich hatte praktisch einen roten Knopf in der Hand, mit dem ich zumindest diese eine Haftanstalt von dem Horror befreien konnte, und auf der Basis vielleicht auch viele andere."

Unbemerkt speicherte Saweljew viele Stunden Videomaterial ab. „Wenn irgendjemand mitbekommen hätte, was ich plane, hätten sie mir mindestens das Gleiche angetan wie all den anderen. Aber wahrscheinlich hätten sie mich umgebracht und meinen Tod als Selbstmord oder als Folge einer Krankheit ausgegeben."

Nach der Publikation der Aufnahmen werden mehrere Gefängnismitarbeiter verhaftet. Wladimir Putin entlässt den Chef der russischen Strafvollzugsbehörde und äußert sich sogar in seiner jährlichen Pressekonferenz zu den Folterexzessen. Die Kontrolle über den Strafvollzug komplett in zivile Hände zu geben, wie es Menschenrechtsorganisationen seit vielen Jahren fordern, lehnt Putin jedoch ab. Es sei falsch, das System zu zerstören. Man solle lediglich die zivilen Monitoring-Kommissionen stärken, die die Haftbedingungen überwachen. Diese Kommissionen gibt es seit 2008. In ihnen sitzen aber vor allem ehemalige Mitarbeiter des Strafvollzugs und Menschen, die dem System nahestehen. Forderungen von Menschenrechtlern nach mehr Transparenz und Humanität im Strafvollzug teilen sie nur bedingt. Stattdessen setzen sie auf Zucht und Ordnung. Ruslan Wachapow aus Jaroslawl sieht sich einmal mehr bestätigt: „Der Staat will keine grundlegenden Veränderungen. Er will es einfach nicht." Auch die Bevölkerung reagiert kaum.

Der größte Teil der erwachsenen männlichen russischen Bevölkerung aber ist in einem Bereich von Gewalt geprägt, dem kaum einer von ihnen entkommt: der russischen Armee. Seit dem 19. Jahrhundert hat sich dort ein Unterdrückungssystem entwickelt, die Dedowschtschina. Die Dedy, die „Großväter", also die Dienstälteren, unterdrücken und quälen die Jüngeren. Solche Rituale und Schikane gibt es zwar in vielen Armeen, doch in der russischen haben sie System und sind in ihrer Grausamkeit oft nur schwer zu ertragen. Die Soldatenmütter haben zahlreiche Fälle dokumentiert, in denen Männer starben, Gliedmaßen verloren oder andere dauerhafte Schäden davontrugen. „Unmenschlichkeit, Kriminalität und Diebstahl haben die Armee infiziert wie ein Virus", erzählt uns Ella Poljakowa von den Soldatenmüttern Sankt Petersburg. Als wir sie 2009 in ihrem Büro treffen, ist sie wie immer schwer beschäftigt. Ständig klingelt das Telefon. Der Flur ist voller junger Männer, die sich beraten lassen wollen, um dem Wehrdienst zu entgehen. Das Linoleum auf dem Fußboden ist aufgeplatzt, die Tapeten eingerissen, von der Decke hängen nackte Glühbirnen. Auf einem Schreibtisch in einem Ablagekorb schläft eine Katze.

In der Ukraine ist 2022 eine Einheit im Einsatz, die zuletzt 2009 international für Schlagzeilen gesorgt hat. Es ist die 138. motorisierte Garde-Schützenbrigade aus Kamenka, einer Kleinstadt gut hundert Kilometer nordwestlich von Sankt Petersburg. „Soldaten dieser Einheit waren in Tschetschenien an Verbrechen gegen die Menschlichkeit beteiligt, für die sie nie bestraft wurden. Sie haben sich daran gewöhnt, Menschen wie wilde Tiere zu behandeln. Und sie haben sich daran gewöhnt, ungestraft zu töten, ungestraft zu erniedrigen", erläutert Ella Poljakowa. Allein 2009 sind in Kamenka sechs Soldaten gestorben. Einer hat sich erschossen, einer starb an einer Überdosis Drogen, bei vier weiteren waren die Umstände ungeklärt. Mehrere Offiziere hatten Wehrpflichtige mit Prügel dazu gezwungen, sich als Zeitsoldaten zu verpflichten. Die Rekruten erhielten von da an einen erheblich höheren Sold. Den nahmen ihnen allerdings die Dienstälteren weg.

Ella Poljakowas damaliger Assistent Wolodja hat den Wehrdienst in der Einheit in Kamenka absolviert. Ihm zittern immer noch die Hände, wenn er davon erzählt: „In der Nacht vom 30. September auf den 1. Oktober 2009 hat sich ein Teil der Berufssoldaten betrunken. Etwa um vier Uhr nachts haben sie uns Wehrpflichtige aus den Betten gejagt. Erst haben sie sich uns einzeln vorgeknöpft. Dann haben sie alle Wehrpflichtigen antreten lassen und der Reihe nach verprügelt. Das ging so bis elf Uhr morgens. Es geschah an vielen Orten: in der Stube, in der Dusche, in der Kantine. Schließlich draußen. Je drei Unteroffiziere haben erst die eine Gruppe durchgeprügelt, dann die andere. Sie haben gesagt, uns gehe es viel zu gut. Als sie ihren Wehrdienst geleistet hätten, seien ihre Vorgesetzten viel härter gewesen. Und sie sagten auch: ‚Ihr könnt euch wenden, an wen ihr wollt, euch hilft sowieso niemand.'"

Wolodja erzählt, er habe mehr als hundert Schläge und Fußtritte kassiert. „In alle Körperteile. Ich habe aber eine gewisse Erfahrung und konnte fast alle Schläge abmildern. Ich spiele seit Langem regelmäßig Fußball. Da gibt es immer mal wieder Prügeleien. Außerdem habe ich mal Kung Fu gemacht. Da lernt man, sich zu verteidigen." Trotzdem erlitt er eine schwere Gehirnerschütterung. Ein anderer Wehrpflichtiger wurde mit doppeltem Schädelbruch ins Krankenhaus eingeliefert. Wolodja beschloss, noch am selben Tag aus der Kaserne zu fliehen und die Offiziere anzuzeigen. Damit machte er sich strafbar, denn Wehrpflichtige dürfen die Kasernen nicht verlassen. „Ich bin abends, während die anderen aßen, durch den Wald gelaufen. Ich bin vom Weg abgekommen und drei Stunden umhergeirrt, aber schließlich habe ich die Straße gefunden. Ich habe meine Eltern angerufen, damit sie mich mit dem Auto abholen. Wir sind nach Sankt Petersburg gefahren, ich habe geschlafen, und gleich am nächsten Morgen sind wir zu den Soldatenmüttern gegangen."

Nachdem Wolodja ihnen von den brutalen Misshandlungen Anfang Oktober berichtet hatte, beschwerten sich die Soldatenmütter beim Oberkommando des zuständigen Militärbezirks. Die Militärstaatsanwaltschaft leitete eine Untersuchung ein. Ein Erfolg. Gewöhnlich verlaufen derartige Untersuchungen im Sande. Nach wenigen Wochen wurde das gesamte Kommando der Einheit in Kamenka auf Befehl des Verteidigungsministeriums abgesetzt. Acht Offiziere wurden entlassen, drei wurden verurteilt, aber nur einer erhielt eine dreijährige Haftstrafe. Die anderen beiden kamen mit Bewährungsstrafen davon. „Die Ermittlungen nach Verbrechen an Soldaten werden oft eingestellt", sagt Ella Poljakowa. „In den allermeisten Fällen kommt es gar nicht zu einem Strafverfahren. Es gibt da eine kameradschaftliche Mauer des Schweigens. Die Ermittler sind den Kommandeuren unterstellt, und anstatt für Ordnung zu sorgen, vertuschen sie die Verbrechen gemeinsam mit den Kommandeuren."

Die Armee ist ein ähnlich geschlossenes System wie der Strafvollzug. Dementsprechend geht die Gewalt in der Einheit in Kamenka weiter – auch unter dem neuen Kommando. Im Frühjahr 2010 erhängt sich ein 25-jähriger Rekrut. Das Militärkommando deutet Liebeskummer als Tatmotiv an. Freunde des Toten schließen persönliche Motive aus. „Der neue Kommandeur der Einheit versucht vielleicht, in Kamenka für Ordnung zu sorgen", sagt Ella Poljakowa. „Aber auch er hat es mit einem System zu tun, und dieses System ändert sich nicht. Am besten wäre es wohl, die Einheit einfach aufzulösen." Das Ministerium nimmt zur Gewalt in Kamenka und der Gewalt in der Armee keine Stellung. Auch der

Besuch einer Kaserne sei in absehbarer Zeit nicht machbar, ganz gleich, ob in Kamenka oder anderswo in Russland. Ella Poljakowa wundert das nicht: „Kamenka ist nur ein Beispiel von vielen. Wir haben gerade einen Brief an den Minister geschrieben, in dem wir ihn bitten, sein Augenmerk auf eine Einheit bei Murmansk zu richten, an der Grenze zu Norwegen. Dort ist die Situation ähnlich schlimm. Und auch in der Division bei Pskow geschehen ungeheuerliche Verbrechen mit Todesfolge. Hier in Sankt Petersburg liegt ein Junge im Krankenhaus, den sie erst verprügelt und dann aus dem Fenster im zweiten Stock geworfen haben. Er hat eine Wirbelsäulenverletzung und wird sein ganzes Leben im Rollstuhl sitzen."

Wolodja, der geflohene ehemalige Rekrut aus Kamenka, ist einfach nur froh, dass er überlebt hat. „Ich habe gewisse Moralvorstellungen. Dazu zählen Kameradschaft, Ehrlichkeit, Anstand. Ich habe im wirklichen Leben echten Kameradschaftsgeist erlebt. Aber in der Armee, wo sie immer davon reden, gibt es ihn nicht. Die russische Armee lässt überhaupt keine Moral zu."

Putin habe die Russen vom Druck der Moral befreit, schreibt der Journalist Nikolai Klimeniouk in der *NZZ* Anfang August 2022. Wer sich stärker wähnt, schlägt um sich, einfach weil er es kann. Russland ist ein rechtsfreier Raum, in dem im Zweifelsfall selbst Morde ungesühnt bleiben. Allenfalls werden die Killer verurteilt, wie im Fall der Journalistin Anna Politkowskaja und des Oppositionspolitikers Boris Nemzow. Mitunter werden die Täter sogar belohnt, so wie Andrej Lugowoi. 2006 war er an dem Mord an dem russischen Überläufer Alexander Litwinenko in Großbritannien beteiligt. Zu dem Ergebnis kam eine britische Untersuchungskommission. Litwinenko starb qualvoll an den Folgen einer Poloniumvergiftung. Lugowoi, der mutmaßliche Mörder, wurde Abgeordneter der Staatsduma, erhielt damit Immunität und später einen Orden von Wladimir Putin. Soweit, ihn direkt für den Mord zu auszuzeichnen, ging Putin damals aber doch nicht. Er ehrte Lugowoi für dessen „Beitrag zur Entwicklung des Parlamentarismus".

Als Wladimir Putin am 30. September 2022 im Georgssaal im Kreml die illegale Annexion der besetzten ukrainischen Gebiete vollzieht und den, wie er ihn nennt, kollektiven Westen mit Hass überschüttet, ist unter den zahlreichen Gästen auch Maxim Fomin. Er nennt sich Wladlen Tatarski, nach Wladimir Lenin, der tatarischer Abstammung war. Seit 2014 kämpft Tatarski im Donbass gegen die Ukraine. Während er den Georgssaal verlässt, fasst er Putins Rede zusammen, filmt sich dabei und stellt es für sein Publikum online: „Also: Wir besiegen alle. Wir bringen alle um. Wir rauben alle aus. Alles wird so, wie wir es lieben." Dazu hebt er den Zeigefinger. „Auf geht's, mit Gott." Allem Anschein nach meint er das nicht ironisch. Er scheint sich sicher, dafür nie zur Verantwortung gezogen zu werden.

9. Der kleine Bruder mit dem Down-Syndrom

In den ersten drei Monaten nach dem Großeinmarsch in die Ukraine schicken russische Soldaten 58 Tonnen Beutegut nach Hause. Davon gehen 10,3 Tonnen nach Moskau, sechs Tonnen nach Jekaterinburg, fünf Tonnen nach Sankt Petersburg. Weitere größere Mengen gelangen in kleinere Städte, in denen die Einheiten stationiert sind: Nach Jurga, eine Garnisonstadt in Sibirien, gehen 5,8 Tonnen, 5,6 Tonnen nach Tschebarkul bei Tscheljabinsk und 3,5 Tonnen nach Kysyl nicht weit von der Grenze zur Mongolei. Das geht aus einer Datenrecherche des russischen Onlineportals *Mediazona* hervor, das Versanddaten auswertete. Das Raubgut besteht aus Fernsehern und Mikrowellen, Küchengeräten, Turnschuhen, Konserven und Wertsachen aller Art. Selbst eine russische Aufklärungsdrohne soll darunter gewesen sein, wahrscheinlich hat da jemand die eigene Armee beklaut.

Ein Graffito macht die Runde: „Wer hat euch erlaubt, so gut zu leben?" Jemand hat es an eine gekachelte Wand in einer Ruine gesprüht. Es ist bereits von 2016, illustriert aber treffend die Haltung, mit der offenbar viele russische Soldaten in die Ukraine einfallen. Es ist eine Mischung aus Erstaunen, Neid und Überheblichkeit. In den Gegenden, aus denen viele russische Soldaten stammen, gibt es teils nicht einmal WCs. Die Russen bezeichnen die Ukrainer als ihre Brüder. Es ist eine archaische Vorstellung, dass der kleine Bruder unter dem Diktat des großen steht, sich nicht emanzipieren darf. Und natürlich kann es nicht sein, dass es den Ukrainern besser geht, dass sie die postsowjetisch-mafiöse Schicksalsgemeinschaft verlassen. Auch das schwingt in dem Graffito mit: Wir entscheiden über euer Leben. Wir Russen leben schlecht (das ist bekannt), warum lebt ihr Ukrainer besser? Wir haben euch das nicht erlaubt, warum nehmt ihr euch das heraus? Wenn es uns schlecht geht, soll es euch mindestens genauso schlecht gehen. Es gibt ein geflügeltes Wort aus der Zeit der französischen Revolution: „La fraternité ou la mort!“ Brüderlichkeit oder Tod. Die deutsche Revolutionsbewegung von 1848 machte daraus: „Und willst du nicht mein Bruder sein, schlag ich dir den Schädel ein.“

Das Gerede vom „Brudervolk“ ist Propaganda, die noch aus Sowjetzeiten stammt, erläutert der Publizist und Sprachforscher Gassan Gussejnow. „Die Grundhaltung zur Ukraine lautete: ‚Ihr seid schlicht und einfach nicht ganz vollkommene Russen. Wir haben euch bloß erlaubt, eure gestickten Blusen zu tragen und eure komische Dorfsprache zu sprechen. Aber ihr habt keine eigene Kultur oder nur eine schwache, ihr habt keine Nation.‘“ Diese Verachtung für Ukrainer als vermeintlich nicht ganz vollwertige Russen ist weitverbreitet, selbst bei Menschen, die auf den ersten Blick gebildet und tolerant erscheinen.

Bruderliebe war für die Schwächeren schon immer gefährlich. Es ist ein bisschen wie bei der Mafia. Wer einmal Mitglied der Familie ist, ist es für immer. Aussteigen geht nicht. Putin hat diese Art von Erpressung auf die Ebene der internationalen Politik gehoben. Die Ukraine hat aus seiner Sicht ein Tabu gebrochen, als sie beschloss, sich vom Paten ab- und dem Westen zuzuwenden. Zur Strafe für ihre demokratischen Gelüste werden die Ukraine und die Ukrainer systematisch entmenschlicht. Sie werden pauschal als Faschisten gebrandmarkt, als vom Westen verstrahlte Menschen, vor denen man sich schützen muss, weil sie Russland angreifen und vernichten wollen. Aber auch als Brüder und Schwestern, die gerettet werden müssen, vor sich selbst und vor denen, die sie zu schlimmen Dingen verführen. Der Kampf gegen den Faschismus ist rhetorisch die Fortsetzung des Großen Vaterländischen Kriegs gegen Hitlerdeutschland. Die russische Führung beschwört eine erneute faschistische Gefahr inklusive eines Genozids. Das russische Fernsehen unterlegt das mit Bildern aus dem Zweiten Weltkrieg. Das wirkt. Nazis können, nein, müssen umgebracht werden.

Obwohl viele Russen dort waren, haben sie sich nicht wirklich mit dem Leben und Denken der Ukrainer auseinandergesetzt. So geht es ihnen mit allen Bevölkerungsgruppen, mit denen sie in der Sowjetunion vereint waren, und auch mit den Minderheiten, die in Russland leben. Auch deshalb fällt der gefährliche Unsinn, der in den russischen Fernsehkanälen geredet wird, auf fruchtbaren Boden.

Die russische Propaganda, auch Putins Aussagen zur Ukraine, sind in sich widersprüchlich. 2015, bei einem Open-Air-Konzert auf dem Roten Platz am ersten Jahrestag der Annexion der Krim durch Russland, ruft Putin seinen Anhängern zu: „Wir waren in Russland immer der Meinung, das Russen und Ukrainer ein Volk sind! Ich meine das auch jetzt." In seiner Fernsehsprechstunde einen Monat später legt er nach: „Ich mache überhaupt keinen Unterschied zwischen Ukrainern und Russen, ich denke, das ist ein Volk." Im Februar 2022 sagt Putin, Ukrainisches und Ukrainer gebe es gar nicht, und behauptet, die Ukrainer seien Faschisten. Trotz der Widersprüche kommt die Propaganda an. Besonders haarsträubend sind die Talkshows von Wladimir Solowjow. Sie laufen zur besten Sendezeit im Staatsfernsehen. Am 3. Oktober tritt dort der stellvertretende Vorsitzende des Verteidigungsausschusses der Staatsduma auf. Er sagt, es bestehe kein Zweifel daran, dass die überwältigende Mehrheit der Bewohner der Ukraine „für Russland" ist. „Die werden alle gern zu uns kommen, nicht nur in den neuen Gebieten, auch in den anderen." Mit der Realität hat das nichts zu tun.

„Die russische Gesellschaft ist krank und muss von der Diktatur geheilt werden", sagt der Historiker Pawel Gnilorybow. 2012 gehörte er zu den Aktiven gegen Putin und die Wahlfälschungen. Er trägt eine schwarz umrandete Brille, die obligatorischen Schuhe des britischen Schuhdoktors, Hosenträger. Ein paar Jahre später treffen wir uns im Eingang zur Metro am Kiewer Bahnhof in Moskau, um über die kolonialistische Sicht Russlands und der Sowjetunion auf die Ukraine zu sprechen. Rolltreppen transportieren die Menschen weit in die Tiefe. Über ihren Köpfen feiert die Sowjetmacht die Einheit von Arbeitern und Bauern. Schachtarbeiter fördern Kohle. Sowjetische Arbeiter mit markanten Gesichtern kochen Stahl, um daraus Traktoren für den Sieg des Sozialismus zu schweißen. Mit glücklicher Mine schneiden Bäuerinnen und Bauern goldene Korngarben. Im Hintergrund Kraftwerke, Strommasten. Das ist die Klischee gewordene Ukraine. Hier verschmelzen Industrie und Landwirtschaft, Natur und Technik, Arbeiter und Kolchosbäuerin unter dem Banner Lenins. Die Ukraine: Das ist die Land gewordene Ideologie der Sowjetkommunisten, das ist Hammer und Sichel. Ohne Ukraine keinen Fortschritt, keine Macht, keine Union.

„So wurde zur Stalin-Zeit die Geschichte interpretiert", sagt Pawel Gnilorybow. Was nicht ins Konzept passte, wurde in der sowjetischen Geschichtsschreibung weggelassen und teils bis heute nicht in die Geschichtsbücher aufgenommen. Zum Beispiel der Holodomor. Holodomor ist Ukrainisch und bedeutet „Tötung durch Hunger". Es war Stalins Plan zur systematischen Vernichtung der Ukraine und ihrer Menschen. Die Bauern wurden gezwungen, so viel Getreide an die Zentralmacht abzugeben, dass nicht mal Saatgut für das nächste Jahr übrig blieb. Wer noch Essen hatte, machte sich verdächtig und wurde umgebracht. Stalin wollte die Ukraine damit für antisowjetische Strömungen während des Bürgerkriegs bestrafen und brechen. Die Höhe der Opfer ist schwer zu beziffern. Es waren mehrere Millionen. In der Sowjetunion und den angeschlossenen Staaten des Warschauer Pakts war es verboten, darüber zu reden. Für die Ukrainer ist der

Holodomor zentral in ihrem Bestreben nach Unabhängigkeit. In Russland versuchen Wissenschaftler und Politiker mit allen Mitteln zu verhindern, dass die Ukraine eine eigene Sicht auf die Geschichte entwickelt. Als sich 2015 eine deutsch-ukrainische Historikerkommission bildete, drohten die Russen, aus der schon lange bestehenden deutsch-russischen Historikerkommission auszusteigen. Ende November 2022 hat der Deutsche Bundestag den Holodomor als Völkermord verurteilt.

Als 2014 die Krim erobert wurde, verglich Putin das mit der Wiedervereinigung Deutschlands. Die Krim sei schon immer russisch gewesen. Diese Ansicht verbreitete sich auch schnell außerhalb Russlands, ist aber nicht nur wegen des Vergleichs mit Deutschland falsch.

Gebietsansprüche gehen immer so weit zurück, wie sie gerade ins Konzept passen. Im Fall Russlands und der Ukraine sind das mystische tausend Jahre. So lange nämlich soll es her sein, dass Fürst Wladimir die Kiewer Rus gründete, jenes mittelalterliche Reich der Slawen, das als Urzelle des russischen Staates gilt. Wladimir, heißt es, habe sich im Jahr 988 taufen lassen, und zwar auf der Krim.

In der Antike war die Krim für die Griechen ein wichtiger Handelsplatz, später war sie unter römischem Einfluss. Auf der Krim haben stets viele Völker gelebt, Russen waren nur eine Gruppe. Der Name Krim stammt entweder aus dem Mongolischen oder aus dem Tatarischen. Die Krimtataren hatten dort seit Mitte des 15. Jahrhunderts einen eigenen Staat. Er endete 1783, als die russische Zarin Katharina II. die Halbinsel eroberte und für russisch erklärte. In der Sowjetunion wurden die Krimtataren 1944 wegen angeblicher Kollaboration mit den Deutschen deportiert. Stalins Nachfolger Chruschtschow teilte die Krim der Ukrainischen Sowjetrepublik zu. Nach dem Ende der Sowjetunion war die Krim völkerrechtlich Teil der Ukraine.

Russland macht der Ukraine nicht nur die Krim streitig, sondern auch den Fürsten Wladimir oder Wolodymyr, wie er auf Ukrainisch heißt. Russlands Führung, die politische wie auch die der Kirche, verehrt Fürst Wladimir als eine Art Nationalheiligen, passt er doch gut in die derzeitige offizielle Darstellung von Russland als Hort orthodoxer Werte und Traditionen. Am 4. November 2016, am „Tag der Einheit des Volkes", enthüllt Wladimir Putin ein Denkmal für den Fürsten. Wladimir steht in Bronze gegossen direkt neben dem Kreml. Mit dem Schwert am Gürtel und dem Kreuz in der erhobenen Hand überragt er, vom Bürgersteig gegenüber betrachtet, die roten Zinnen der Kreml-Mauer. Die Kuppel der Christ-Erlöser-Kathedrale ist auf Augenhöhe, vom Fluss Moskwa lugt die Spitze des Denkmals für Peter den Großen hervor. Die Wladimir-Statue ist zwölf Meter hoch, das Kreuz misst noch einmal vier Meter. „Die Annahme des Christentums beruhte auf der tiefen Liebe Fürst Wladimirs zu seinem Vaterland, auf seinen ernsthaften geistigen Überlegungen, auf der Suche nach einer einheitlichen Grundlage, um das Volk und die zersprengten Ländereien zu einen", sagt Wladimir Putin bei den Feierlichkeiten. „Indem er innere Unruhen beendete und äußere Gegner zerstörte, legte Fürst Wladimir den Anfang für eine geeinte russische Nation. Er hat den Weg gebahnt zu einem starken, zentralisierten russischen Staat." Nicht nur die Ukraine fühlt sich davon bedroht, auch Belarus ist damit gemeint. Die Krim habe für die Russen „sakrale Bedeutung", ebenso wie der Tempelberg für Juden und Muslime, sagt Putin. Er möchte die antike Stadt Chersones auf der Krim zu einem Wallfahrtsort machen, zu einem „russischen Mekka". Denn in Chersones hat angeblich Wladimirs Taufe stattgefunden.

Bei unserem Besuch 2017 parken vor dem Eingang zum Ausgrabungsort Reisebusse. Touristen mäandern über den Parkplatz. Einige tragen rote T-Shirts mit goldenem Hammer und Sichel, Kornähren, den Namen aller Sowjetrepubliken und der Aufschrift

„Geboren in der UdSSR" darauf. Griechische Säulen ragen in den Himmel, Grundmauern von Häusern zeigen den Besuchern, wo einst Menschen gewohnt haben. Putins Frau fürs Heilige in Chersones ist Swetlana Melnikowa. Sie leitet das Freilichtmuseum. „Hier ist eine Art Kreuzung, an der sich alles getroffen hat: das Heidentum, das Christentum, das Große Rom." Melnikowa lässt den Blick über das Gelände schweifen: Reste antiker Steinmauern durchziehen den staubigen Boden. Dahinter blaues Meer und etwas weiter die Bucht von Sewastopol mit den grauen Kriegsschiffen der russischen Schwarzmeerflotte, die hier ihre Basis hat. „Chersones ist in Russland einzigartig, es ist unsere Verbindung mit Europa, mit den alten Zivilisationen, und zugleich ist es der Ort, an dem die russische Nation ihren geistigen Ursprung nahm", erzählt Melnikowa. Die Einnahme der Krim ist drei Jahre her, seitdem hätten sich die Besucherzahlen vervielfacht. An Sommertagen kämen bis zu 8000 Menschen. „Hier wurde die erste christliche Ehe in der Geschichte Russlands geschlossen und eine ganz neue Seite in der Geschichte des russischen Volkes aufgeschlagen. Ein wichtigeres Ereignis als die Annahme des Christentums hat es für das russische Volk nicht gegeben." An der Ukraine lässt sie kein gutes Haar. Während die Ukrainer die Krim regierten, sei die Grabungsstätte vernachlässigt worden: „Sie mögen es nicht glauben, aber hier wird immer noch mit Kohle- und Holzöfen geheizt. Wir müssen Wasserleitungen und eine Kanalisation legen, wir brauchen Beleuchtung." Gemeinsam gehen wir zu den Resten eines Amphitheaters. Wir fragen nach Spuren ukrainischer Kultur auf der Krim. „Ukrainische Kultur? Dazu fällt mir nichts ein", sagt Melnikowa und wendet sich an eine Fremdenführerin. „Marianna, haben wir irgendeinen Ort auf der Krim, der etwas mit der ukrainischen Kultur zu tun hätte?" Die Fremdenführerin schüttelt den Kopf. „Ich kenne auch keinen", sagt Melnikowa, „dabei bin ich ein bisschen gebildet."

Die ukrainische Kultur wird auf der Krim, wie in allen von Russland besetzten Gebieten der Ukraine, seit 2014 systematisch ausgelöscht. Je länger die Halbinsel besetzt ist, desto weniger Ukrainisch hört man.

Wir sind zu einem Festakt am Lehrstuhl für Ukrainische Sprache und Literatur an der Universität in der Hauptstadt der Krim Simferopol eingeladen. Festakt klingt nach Menschen in guter Kleidung, nach Reden und Applaus, nach Politikern und Fernsehberichterstattung. Das war einmal, der Lehrstuhl wurde auf wenige Räume zurechtgeschrumpft. In einem Seminarraum würdigt ein Redner den Gründer des Lehrstuhls. Er wäre an diesem Tag 95 Jahre alt geworden. Eine Handvoll Dozenten und Studierende sind da, außerdem einige ukrainische Schriftsteller. Einer stellt seinen neuesten Erzählband auf Ukrainisch vor. Ein anderer wirbt für eine Zeitung in ukrainischer Sprache. Sie erscheint seit der Annexion der Krim nur noch im Internet. Dann versammeln sich die Dozenten und Gäste im Sekretariat. Es gibt selbst geschmierte Butterbrote, Bonbons, Obst, Tee und Weinbrand.

Alle haben Angst, Interviews zu geben. Lediglich eine Studentin spricht. Tamila ist im ersten Studienjahr. Sie ist Krimtatarin und wurde auf der Halbinsel geboren. „Ich mag die ukrainische Sprache sehr. Sie scheint mir weicher als die russische. Ich mag alles, was mit der Ukraine zusammenhängt. Ich gucke auch immer noch ukrainisches Fernsehen." Mit ihren Eltern spricht sie Krimtatarisch – eine Turksprache –, mit den Freunden Russisch. „Ich hatte in der Schule ab der ersten Klasse Ukrainisch. Wir haben ja in einer ukrainischen Gesellschaft gelebt. Aber 2014 war dann das Referendum, Russland kam auf die Krim, und von da an war der Ukrainisch-Unterricht nur noch freiwillig. In der 11. Klasse wurde er an meiner Schule gar nicht mehr angeboten. Aber ich kritisiere Russland nicht. Nie!" Das ist auch nicht ratsam. Mehrere Krimbewohner, die sich offen gegen die Annexion ihrer Heimat durch

Russland gestellt haben, sind verschwunden oder in Haft, darunter viele Krimtataren. Viele Ukrainer haben die Halbinsel verlassen, dafür ziehen Russen nach. Die Studentin Tamila möchte trotzdem bleiben und Lehrerin oder Übersetzerin werden. „Meine Freunde haben mich für verrückt erklärt. Die haben gefragt: Was willst du denn später mit Ukrainisch anfangen? Ich hoffe, alles läuft gut, und die Dozenten mögen mich."

Im Raum gegenüber sammeln sich unterdessen Politikstudenten. Sie sprechen Russisch. In ihrem Seminar geht es um das Miteinander in multiethnischen Gesellschaften. Ein Beamer wirft das Thema des Tages an die Wand: „Der Genozid an den Juden auf der Krim im Zweiten Weltkrieg." Sergej Kondraschow trägt ein T-Shirt mit einem Wolfsgesicht darauf. „Heute wird auf der Krim niemand mehr unterdrückt, es ist absolut tolerant hier." Und die Ukrainer? „Die jungen Ukrainer müssen sich an Russland anpassen. Aber das tun sie auch. Sie assimilieren sich sehr schnell." Sergej stammt aus Samara. Das ist ungefähr 1800 Kilometer weit weg. Er sei auf die Krim gekommen, erzählt er, weil es hier leichter sei, einen Studienplatz zu bekommen. Die ukrainische Sprache, die auf demselben Flur unterrichtet wird, interessiert ihn nicht: „Das ist eine Kunstsprache. Das Ukrainische hat der Menschheit nichts gebracht." Dann verabschiedet er sich höflich und geht in ein Seminar zum „Miteinander in multiethnischen Gesellschaften".

Die Propaganda schürt Hass und zerstört das harmonische Zusammenleben selbst jener, die es eigentlich besser wissen sollten. Ein Jahr nach der Annexion der Krim und dem Beginn des Krieges im Donbass treffen wir Alexander, einen Ukrainer aus Kyjiw, der zu dieser Zeit in Moskau lebt. Er ist Mitte 30 und mit einer Russin verheiratet. Das Paar hat eine kleine Tochter. „Wenn meine Frau und meine Tochter nicht wären, hätte ich Russland schon verlassen", sagt Alexander. Wir sitzen in einem Café in einem Einkaufszentrum nicht weit vom Kiewer Bahnhof. Er bestellt schwarzen Tee. Die kontinuierlich brutaler werdende Hetze gegen alles Ukrainische rückt eine einfache Frage in den Mittelpunkt des Gesprächs: Wie geht es ihm? „Es ist sehr schwierig. Ich fühle mich eigentlich als Persona non grata. Mir hat aber bisher niemand direkt ins Gesicht gesagt, dass ich hier, in Moskau, nicht erwünscht bin." Alexander hat eine kleine Werbeagentur. Seinen Kunden sei egal, woher er komme, doch er versuche trotzdem, nicht als Ukrainer aufzufallen. Das fällt ihm leicht, Alexander spricht Russisch ohne den typischen weichen ukrainischen Akzent, auch sein Familienname ist nicht typisch ukrainisch. „Ich lasse nicht heraushängen, dass ich Ukrainer bin. Ich gehe nicht mit einer ukrainischen Fahne durch die Straßen. Wenn ein russischer Staatsbürger nach Kiew fährt und Aufkleber auf dem Auto hat mit Wörtern, die einen Ukrainer beleidigen, dann kann es passieren, dass sie ihm dort die Scheiben einschlagen oder die Reifen aufschlitzen. Genauso ist es, wenn ein Ukrainer hier herkommt und sich nicht korrekt verhält. Die Stimmung in der Gesellschaft ist jetzt so aufgeheizt, da reicht ein kleiner Anlass, und die Lage eskaliert." Davor hat er Angst, deshalb nennt er seinen Nachnamen nicht.

Alexanders Eltern, Geschwister und Verwandte leben 2015 in Kyjiw, die Familie seiner Frau in Moskau. Auch in ihrem Umfeld gehen reihenweise Freundschaften, Ehen, Beziehungen in die Brüche. „Die Front verläuft praktisch durch unsere Familie", erzählt Alexander. „Emotional, psychologisch ist das sehr schwer. Ich habe einfach Glück, weil meine Frau sehr klug ist." Nach der widerrechtlichen Einnahme der Krim waren die Moskauer und die Kyjiwer Familie sogar gemeinsam in Spanien im Urlaub: Alexander mit seiner Frau, Mutter, Schwiegermutter, Schwester und Schwägerin. Das hat nur geklappt, weil sie nicht über Politik redeten. „Wir sprechen nicht darüber, was in der Ukraine passiert, und auch nicht darüber, was in Russland passiert. Denn wenn ich zum Beispiel die russische Politik kritisiere, ist das für meine Frau unangenehm. Niemand hört doch gern Kritik von einem Ausländer. Nicht mal konstruktive."

Alexander fühlt sich auch in Kyjiw mittlerweile fremd. Denn auch dort sei Kritik unerwünscht. „Viele der hausgemachten Probleme werden dem Kreml zugeschrieben. Zum Beispiel die Korruption. Wenn ich anfange, Dinge wie das Fehlen von Reformen vor meinen Freunden in Kyjiw zu kritisieren, dann sagen sie etwas in der Art: ‚Na ja, du bist eben ein Moskal.'" Ukrainer bezeichnen die Russen abfällig als „Moskaly" – als „Stamm der Moskauer", die eigentlich unwürdig seien, sich auf die mittelalterliche Kiewer Rus zu beziehen. Oder sie nennen Russen „Watniki", abgeleitet von den uniformen sowjetischen Wattejacken. Die Russen ihrerseits nennen die Ukrainer „Ukropy", zu Deutsch etwa „Dillköpfe", oder sie beschimpfen sie geringschätzig als „Chochly". „Chochol" – so heißt der traditionelle Haarzopf, ein unverwechselbares Kennzeichen der ukrainischen Kosaken in früheren Jahrhunderten. Solche Spitznamen gab es schon zu Sowjetzeiten, „jetzt vergiften sie das Klima", erläutert Sprachforscher Gussejnow. Er hält den Unwillen, die Haltung der anderen Seite zu akzeptieren, allerdings für schlimmer als diese Begriffe: „Die Menschen leben in einem Diskurs von Misstrauen, Boshaftigkeit, Bösartigkeit gegenüber den ‚anderen', die, wie es heißt, ‚immer' anders gewesen seien. Denen man auch früher nie hätte vertrauen dürfen, die immer Verräter gewesen seien. Und von ukrainischer Seite ist zu hören, dass den Russen nichts heilig ist, sie würden nur Macht und Gewalt hoch halten und Hungersnot bringen. Das sitzt so tief, dass einem Angst und Bange wird."

„Es wird schlimmer", sagt Alexander bereits 2015. „Du gehst zum Friseur, dort läuft der Fernseher mit Nachrichten über den Donbass, ukrainische Faschisten und so weiter, total einseitig. Du gehst zu Freunden, dort läuft auch der Fernseher. Das russische Fernsehen ist einfach zu mächtig, es macht die Menschen zu

Zombies." Bei Alexander zuhause herrscht Fernsehverbot. Ignorieren kann er die Propaganda trotzdem nicht. Er möchte gern, dass die Leute mehr reisen und miteinander reden. Ein Jahr zuvor war er mit russischen Freunden in den Karpaten: „Das war schön, sie waren begeistert." 2015 gibt es keine Direktflüge zwischen Russland und der Ukraine mehr, Kontakte zwischen den Menschen werden immer schwerer. „Ich weiß nicht, wie diese zwei Staaten je wieder zueinanderfinden können. Denn eigentlich waren die Beziehungen zwischen Russland und der Ukraine immer gespannt. In Russland herrscht die beinahe traditionelle Ansicht, es gebe Russland als großen Bruder und einen kleinen ukrainischen Bruder, und der Kleine nähme sich dauernd etwas, das ihm nicht zusteht. Seit Anfang der 2000er Jahre, seit Putin an der Macht ist, rückt diese Denkweise stärker in den Vordergrund. Bereits als ich 2011 nach Moskau kam, bekam ich ganz oft von Leuten, die ich gerade erst kennenlernte, zu hören: ‚Ach, ihr ... Ihr klaut doch unser Gas.'"

2014 ist das Spektrum der Schimpfwörter erweitert worden. Im Februar 2015 ziehen Anhänger des Kreml durch Moskaus Straßen. Nach Polizeiangaben sind es rund 35 000 Menschen, die unter anderem „Russland, Russland" rufen. Die Veranstalter sprechen von 50 000. Ein Bündnis mit dem Namen Antimaidan hat die Massenkundgebung in Moskau organisiert. Ihm gehören verschiedene Krem-treue Gruppen und Personen an, darunter der Chef des Biker-Clubs Nachtwölfe und Putin-Freund Alexander Saldostanow, genannt Chirurg. Er und seine Leute haben ein Jahr zuvor die sogenannten Selbstverteidigungskräfte der Krim unterstützt und damit die illegale Annexion der Halbinsel vorbereitet. Die meisten Teilnehmer kommen in organisierten Gruppen: Lehrer, Studenten, Jugendorganisationen, Kosaken, Offiziere. Viele tragen Westen mit dem Porträt Putins und der Aufschrift „Heimat. Freiheit." Auf Transparenten steht „Maidan gleich Faschismus",

„Der Maidan führt zu Krieg und Chaos", „Der Maidan nützt den Feinden Russlands". Daneben sind Rufe wie „Ruhm dem Donbass" und „Für eine russische Welt" zu hören. Sie machen gegen einen angeblich bevorstehenden Maidan in Russland mobil. Sie tragen Fotos angeblicher Verräter, darunter auch vom ermordeten Oppositionspolitiker Boris Nemzow. Vorneweg tragen sie ein langes Georgsband mit der Aufschrift: „Wir sind keine Mai-Downies". Das ist eine Anspielung auf Menschen mit Down-Syndrom. Ihre Botschaft: Wer Demokratie will wie die Demonstranten auf dem Maidan, hat sie nicht mehr alle.

10. „Orthodoxe Taliban"

Am 13. März 2022 dauert der groß angelegte Angriff Russlands auf die Ukraine zweieinhalb Wochen. In der Christ-Erlöser-Kathedrale in Moskau, der Hauptkirche der russischen Orthodoxie, liest Patriarch Kyrill I. die Heilige Messe. Vor dem Ikonostas ist eine einzelne Ikone aufgestellt. Sie zeigt die Mutter Gottes mit dem Christuskind auf dem Arm und Soldaten im Hintergrund. Maria deutet mit dem rechten Arm nach Westen. Angeblich soll sie russischen Soldaten zu Beginn des Erstens Weltkriegs vor einer wichtigen Schlacht erschienen sein und ihnen den Weg gewiesen haben. In der Schlacht soll anschließend kein Russe gefallen sein, so die Legende. Nach der Messe ruft Kyrill einen Mann in Uniform nach vorn. Er heißt Wiktor Solotow, ist langjähriger Box- und Judopartner Wladimir Putins und leitet die Rosgwardia, die Nationalgarde, die 2022 gemeinsam mit der russischen Armee gegen die Ukraine kämpft. Kyrill übergibt ihm die Ikone mit den Worten: „Möge dieses Bild die jungen Kämpfer der Nationalgarde inspirieren, wenn sie sich auf den Weg machen, das Vaterland zu verteidigen." Im Klartext heißt das, wenn sie sich aufmachen, die Ukrainer zu vernichten. Den russischen Soldaten verspricht Patriarch Kyrill ewiges Leben: „Geht mutig und erfüllt eure militärische Pflicht. Wenn ihr euer Leben für die Heimat gebt, dann kommt ihr in Gottes Reich." Wer sich für das Vaterland opfere, so Kyrill, der wasche sich von allen Sünden rein. Der russische Soldat als Märtyrer – von da ist es nicht mehr weit bis zu den Verheißungen radikaler Islamisten und Hassprediger, die ihre Anhänger glauben machen, der selbst gewählte Tod im Glaubenskrieg sei das höchste Glück auf Erden und führe unmittelbar in ewige Glückseligkeit.

Wer die russische Gesellschaft verstehen will, muss die Rolle der Kirche verstehen. Achtzig Prozent der russischen Bevölkerung bezeichnen sich als russisch-orthodox. Ihr Oberhaupt, Patriarch Kyrill, ist einer der wichtigsten Propagandisten der sogenannten Russischen Welt und steht auch im Krieg treu an Putins Seite. Priester der Russisch-Orthodoxen Kirche segnen Waffen, bevor diese ukrainische Zivilisten töten. In Krasnoarmejsk bei Moskau ruft der Oberpriester der Alexander-Newski-Kathedrale zu Spenden für die russischen Soldaten auf. Die Gemeinde kauft Medikamente und Ausrüstung und fährt sie in die Kasernen. Sie hält Kinder dazu an, Briefe an die Soldaten zu schicken. Eine Viertklässlerin schreibt in bunten Farben auf Karopapier: „Guten Tag, lieber Soldat! Ich heiße Warja. Ich gehe in die vierte Klasse. Ich wünsche dir, dass du glücklich, unverletzt und gesund zurückkehrst. Danke dir für die Heimat. Du bist mein Held!"

Einer, der diese radikale Rolle der Russisch-Orthodoxen Kirche in Putins Machtgefüge frühzeitig vorhergesehen hat, ist Wiktor Bondarenko. Wir besuchen ihn Ende 2012 in seiner Villa nahe der Rubljowka, nicht weit von Wladimir Putins Residenz Nowo-Ogarjowo. Links und rechts hohe Mauern, Wachtürme. Schwellen in der Straße. Überwachungskameras, Stacheldraht. Vor seinem Anwesen steht ein Wachmann. Bondarenko vertraut der Polizei nicht, er legt Wert darauf, seine Sicherheit selbst zu bezahlen. Bondarenko ist mit Autos reich geworden. Er ist Mäzen und einer der größten Kritiker der Russisch-Orthodoxen Kirche.

„Ich bin zwar orthodox getauft, habe aber vor einiger Zeit verstanden, dass die Orthodoxie mit Christentum nicht viel zu tun hat", stellt er gleich zu Anfang klar. Sein Haus gleicht einem Museum, es gibt kaum einen freien Platz an den Wänden. Auf einem Podest recken Micky und Minnie Mouse Seite an Seite Hammer und Sichel in die Höhe – eine Parodie auf die berühmte Skulptur Arbeiter und Kolchosbäuerin, die 1937 den Pavillon der Sowjetunion bei der Weltausstellung in Paris schmückte. An einem Regal lehnt ein knallgelbes Bild. Darauf steht in roten Lettern: „Chimera Prawoporjadka“, „Die Chimäre der Rechtsordnung“. Im Zentrum ein Mann in Polizeiuniform mit Vogelschnabel, spitzen Ohren und Flügelchen. Am Revers Totenköpfe. Die Schulterklappen sind Dollarnoten. Mit spitzen Fingern gängelt er kleine Menschen auf seinem Schreibtisch. In Bondarenkos Arbeitszimmer hängen Ikonen, dutzende Bilder vom 15. Jahrhundert bis heute. Christus mit der Bibel. Schwarze Rahmen um goldene Heiligenbilder. Es ist die größte private Ikonensammlung in Russland, heißt es in Fachkreisen. Dazu Bücher, eine Sitzgruppe, ein schwerer alter Holzschreibtisch. Die Haushaltshilfe bringt Kaffee. Niedrige Tassen, pastellfarbenes hauchdünnes Porzellan, Goldrand.

Gemäß der russischen Verfassung ist Russland ein weltlicher Staat. In Artikel 14 heißt es: „Keine Religion darf als staatlich oder als verpflichtend festgelegt werden. Die religiösen Vereinigungen sind vom Staat getrennt und vor dem Gesetz gleich.“ Bondarenko ist überzeugt: „Wir sind kein weltlicher Staat mehr. Jeder darf doch Gott so abbilden, wie er ihn sieht. Wenn ein Künstler Gott mit Hörnern sieht, hat er das Recht, ihn so zu malen. Und niemand hat das Recht, ihn deshalb festzunehmen, zum Verhör zu laden oder zu versuchen, ihn ins Gefängnis zu bringen. Aber genau das passiert.“

Im Sommer 2012 hat Bondarenko eine Ausstellung mit dem Titel „Geistliches Gekeife“ organisiert. Die Werke wurden in einer liberalen Moskauer Galerie gezeigt und setzten sich mit dem absurden Gerichtsprozess gegen die Aktivistinnen von Pussy Riot auseinander. Die Frauen hatten in einer Performance in der Christ-Erlöser-Kathedrale die Allianz von Kirche und Kreml angeprangert und wurden in einem anachronistisch anmutenden Prozess wegen „Rowdytums aus Motiven des religiösen Hasses“ zu mehrjährigen Haftstrafen verurteilt. Im Gerichtssaal diskutierten Kläger, Zeugen und Anwälte nicht etwa über Hausfriedensbruch oder die Freiheit der Kunst, sie stritten über Begriffe wie Hölle und Paradies. Die Kläger beriefen sich allen Ernstes auf die Trullanische Synode, eine Kirchenversammlung im Jahr 691. Die Werke in Bondarenkos Ausstellung ähnelten stilistisch Ikonen, doch auf ihnen waren Menschen in Strickmasken, wie sie die Frauen von Pussy Riot tragen, zu sehen. Fundamentalistische Orthodoxe griffen die Vernissage an und versuchten, die Bilder zu zerstören. Bondarenko ist davon überzeugt, dass die Russisch-Orthodoxe Kirche die Vandalen geschickt hat. „Jetzt versuchen die religiösen Fanatiker, gegen uns ein Strafverfahren anzustrengen. Wegen Anstiftung zu religiösem Hass. Was totaler Schwachsinn ist."

Bondarenko holt ein Notizbuch hervor. Darin hält er Aussagen von Kirchenvertretern fest, die er für alarmierend hält: „Hier, schauen Sie, gerade vorgestern wieder: Erzpriester Dmitri Smirnow, er ist in der Russisch-Orthodoxen Kirche für die Armee zuständig. So einer mit Bart. Schauen Sie, was er gesagt hat, und denken Sie gut drüber nach: ‚Humanismus ist ein Kult des Menschen. Humanismus ist eine Religion, in deren Zentrum nicht Gott, sondern der Mensch steht. Deshalb ist der Humanismus eine Christus hassende Religion.' Menschlichkeit soll Hass auf Christus sein. Stellen Sie sich das vor. So etwas passiert zurzeit in unserem Land." Bondarenko blättert ein bisschen weiter, erzählt von einer verbalen Auseinandersetzung mit einem anderen Erzpriester, dem für seine ultranationalistischen Ansichten bekannten Wsewolod Tschaplin, der für die Beziehungen zwischen Kirche und Gesellschaft zuständig ist. „Ich habe gesagt: ‚Wir sind ein säkularer Staat. Das ist unser Land.' Er ist daraufhin explodiert und hat gesagt: ‚Das ist nicht mehr euer Land. Wir werden euch sagen, was ihr tun sollt.'" Bondarenko ist aufgebracht. „Ich spreche immer von orthodoxen Taliban. Es geht bei uns zu wie im Iran."

Nur die wenigsten all derer, die sich als russisch-orthodox bezeichnen, gehen in die Kirche. „Das Bekenntnis zum Glauben ist in Russland im 21. Jahrhundert ebenso oberflächlich wie das Bekenntnis zur kommunistischen Ideologie zu Zeiten der Sowjetherrschaft", meint Bondarenko. Viele tragen ihre Zugehörigkeit zu der Gemeinschaft dafür umso offenherziger zur Schau: Frauen mit einem goldenen Kreuz im Dekolleté, Männer oft mit einem dicken Holzkreuz am Lederband. „Die meisten Leute haben schon im zaristischen Russland nicht aufrichtig an Gott geglaubt. Sie haben gemacht, was die Obrigkeit von ihnen verlangt hat, sind einem Herdentrieb gefolgt. Und als dann die Oktoberrevolution kam, haben sie, ohne lang zu überlegen, den Glauben an Gott gegen den an den Kommunismus getauscht. Sie müssen sich das ungefähr so vorstellen: ‚Was ist draußen los? Mascha, ich kann gerade nicht, sag schnell, was geht draußen vor?' – ‚Lenin ist da. Er sagt, Gott existiert nicht, wir sollen die Kirchen zerstören.' – ‚Na, dann schnell die Parabellum, ich erschieße schnell den Priester, ach, was haben wir gestern noch mit dem Priester gesoffen, los, lass uns die Kirche zerstören …'"

Siebzig Jahre später sei es dann im Prinzip genauso gelaufen. „‚Mascha, was ist draußen los?' – ‚Jelzin ist da. Er hat gesagt, Gott existiert.' – ‚Huch, Gott existiert, schnell, kram das Kreuz von der Oma raus, schnell, schnell, und versteck den Revolver, versteck den KGB-Ausweis, und versteck auch das Parteibuch. Schnell, das Kreuz!'" Bondarenko ist zornig. Zornig auf die Kirchenleitung und auf diejenigen, die ihr, ohne nachzudenken, folgen. „Diese Leute sind keine Christen. Sie sagen nur, sie seien welche. Wenn morgen jemand kommt und sagt, holt eure Naziembleme raus, dann, da bin ich sicher, holen sie auch Hakenkreuze hervor." Zehn Jahre später zeigt sich, wie recht Bondarenko 2012 hat. Nur werden es keine Hakenkreuze, sondern der Buchstabe Z.

Die Russisch-Orthodoxe Kirche ist ähnlich streng hierarchisch wie der Staat. Die Priester haben wenig Freiraum. Sie sind extrem von ihren Vorgesetzten abhängig, die wiederum unterstehen der Weisung des Patriarchen. Bereits in den 90er Jahren stand mit Patriarch Alexius II. ein Mann an der Spitze, über den es heißt, er habe für den sowjetischen Geheimdienst gearbeitet. 2008 folgte ihm Patriarch Kyrill. Auch er soll für den KGB tätig gewesen sein. Die Kirche kommentiert die Geheimdienstvorwürfe gegen ihn nicht. Sie verhält sich diesbezüglich genau wie der russische Staat: Eine Aufarbeitung der Vergangenheit findet nicht statt. Dabei wäre das dringend nötig. In der Sowjetunion war die orthodoxe Kirche eine Filiale des Geheimdienstes. In siebzig Jahren Gewaltherrschaft war sie zwar extrem bedroht. Massenhaft wurden Priester von Stalins Schergen verhaftet, in Arbeitslager gesteckt und ermordet. Kirchen wurden zu Kinos, Schwimmbädern oder Lagerhallen. Doch in ihrer Not kollaborierte die Kirchenleitung mit dem Staat, entfernte unliebsame Priester aus dem Amt, gab den Sowjetherrschern Mitspracherecht in Personalfragen. Am Ende der Sowjetunion hatte sich ein festes Bündnis zwischen den Kirchenhierarchen und den sowjetischen Beamten herausgebildet. Die Hierarchen waren Teil der Nomenklatura, bekamen bevorzugt Häuser, Autos oder andere Luxusartikel.

Kyrill und Putin bauen gemeinsam ihre Macht aus. Als Putin 2012 auf den Präsidentenposten zurückkehren will und in Moskau Zigtausende dagegen demonstrieren, kommt ihm Kyrill zur Hilfe. Das Staatsfernsehen überträgt ein Treffen Putins mit den religiösen Führern des Landes. Die Würdenträger sitzen an einem blank polierten Konferenztisch, vor den Fenstern hängen wallende Stores und goldfarbene Brokatvorhänge, das Tageslicht ist ausgesperrt, es wirkt wie eine abgeschlossene Welt. Der Patriarch sitzt direkt neben Putin. Die weiße Kopfbedeckung mit dem kleinen goldenen Kreuz auf dem Haupt unterstreicht seine Autorität. Im Verlauf des Gesprächs wendet sich Kyrill dem Kandidaten Putin zu: „Der Ausweg aus den schweren 90er Jahren war ein ganz besonderer Teil in der jahrhundertelangen Geschichte unseres Vaterlandes. Es ist sehr wichtig, das zu verstehen. Als Patriarch, der aufgerufen ist, die Wahrheit zu sagen, unabhängig von politischer Konjunktur und propagandistischen Akzenten, muss ich ganz offen sagen: Sie persönlich, Wladimir Wladimirowitsch, haben eine riesige Rolle in der Korrektur dieses krummen Abschnitts unserer Geschichte gespielt. Ich möchte Ihnen danken. Sie haben mal gesagt, Sie arbeiten wie ein Galeerensklave – aber ein Sklave hatte nicht so eine große Hingabe wie Sie."

Putin revanchiert sich für die Wahlkampfhilfe. In seiner ersten Rede zur Lage der Nation als wiedergewählter Präsident spricht er Ende 2012 von „traditionellen Werten" und „geistigen Klammern", an denen es der Gesellschaft in Russland mangele: „Barmherzigkeit, Mitgefühl, Erbarmen, Unterstützung und gegenseitige Hilfe – all das, was uns zu allen Zeiten härter und kräftiger gemacht hat, auf das wir immer stolz waren." Putin spricht diese Worte in dem weichen, nahezu pastoralen Tonfall, den er immer anschlägt, wenn er über die angebliche Besonderheit des russischen Charakters, die Mildtätigkeit und Güte, spricht. Dann wird sein Tonfall bestimmter: „Wir müssen jene Institutionen, die für traditionelle Werte stehen und historisch bewiesen haben, dass sie in der Lage sind, sie von Generation zu Generation weiterzugeben, mit allen Mitteln unterstützen." Gemeint ist die Russisch-Orthodoxe Kirche. Dass Putin sie in der Rede an die Nation 2012 noch nicht explizit hervorhebt, hat Gründe. Schließlich ist Russland ein Vielvölkerstaat. Bereits bei einem Empfang mit Kirchenvertretern 2013 wird er deutlicher: „Die Annahme des Christentums hat das Schicksal Russlands vorbestimmt. Sie wurde zum entscheidenden Wendepunkt in der kirchlichen und weltlichen Geschichte des russischen Staates. Die moralischen Grundlagen des orthodoxen

Glaubens haben unseren nationalen Charakter und die Mentalität der Völker Russlands in vieler Hinsicht geprägt, haben die besten schöpferischen Eigenschaften unseres Volkes geweckt und Russland geholfen, einen würdigen Platz in der europäischen und in der Weltzivilisation einzunehmen. Für die russische Staatlichkeit, für unser Nationalbewusstsein, ist die Orthodoxie eine geistige Stütze geworden." Die Orthodoxie wird eine Art geistig-kultureller Kitt, der die komplett orientierungslosen Menschen – gemeinsam mit dem Gedenken an den Sieg 1945 – zusammenhalten soll.

Unter Putin und Kyrill festigt sich die unheilige Allianz zwischen Kirche und Staat immer weiter, und es ist schwer zu sagen, wer wen stärker beeinflusst: Der Kreml die Kirche oder die Kirche den Kreml und seine Politik. Später wird der Schutz der sogenannten „traditionellen geistig-moralischen russischen Werte" sogar in die nationale Sicherheitsstrategie aufgenommen. Die Duma verabschiedet ein Gesetz, das Gotteslästerung unter Strafe stellt. Gemeinsame öffentliche Auftritte von Präsident Putin und Patriarch Kyrill häufen sich. Putin besucht an hohen orthodoxen Feiertagen, begleitet von Kameras, die Messen und entzündet Kerzen. Patriarch Kyrill wiederum spricht regelmäßig vor der Staatsduma: „Die Idee, Werte wie Freiheit und Wahlfreiheit allem anderen vorzuziehen und sich von moralischen Normen abzuwenden, ist eine Zeitbombe, an der die westliche Zivilisation noch zugrunde gehen wird. Den Tendenzen zu Chaos und Konflikt setzen wir eine große religiös-politische Synthese entgegen, ein soziales Ideal. Das Volk und die Macht arbeiten zusammen, statt Konflikte auszutragen. Die Ethnien und die Religionen und selbst die politischen Parteien verzichten auf Konflikte." Und damit auf den politischen Wettbewerb. Den gibt es de facto schon seit Jahren nicht mehr. Die Opposition stimmt in wichtigen Fragen mit der Regierungspartei. „Ich bezeuge und danke Gott, dass die heutige Zusammensetzung der Staatsduma praktisch das verkörpert, wovon ich jetzt gesprochen habe", schließt Kyrill. Die Abgeordneten applaudieren dem Gedanken, sich im Prinzip selbst zu entmachten.

2015 eröffnen Präsident Putin und Patriarch Kyrill gemeinsam die Dauerausstellung „Russland – meine Geschichte". Ein Rat des Patriarchen für Kulturfragen hat das Projekt entworfen. Es geht in der Ausstellung darum, wie Russland zur Großmacht wurde. Die Kirche spielt dabei eine zentrale Rolle. Beim Betreten erklingen Fanfaren. Lautsprecherstimmen laden zu einer „unvergesslichen interaktiven Führung in die Vergangenheit" ein. In den Sälen Bilder der Zaren. An einem Deckengewölbe Christus, umgeben von Heiligen. Eine Stimme erzählt von der Heiligen Rus und der Annahme des Christentums vor mehr als tausend Jahren. „Das Christentum gab einen kräftigen Impuls für die Geburt der russischen Kultur. Eben auf dieser Grundlage entstanden die Werke Puschkins, Dostojewskis, Tschajkowskis. Die Orthodoxie schuf den rätselhaften russischen Charakter und verlieh unserem Volk die Fähigkeit, die schwierigsten Prüfungen durchzustehen und das Land aus Ruinen zu heben, dank geistiger Kraft verlorene Stärke wieder entstehen zu lassen." Millionen Zuschauer besuchen die Ausstellungen. Ganze Schulklassen werden indoktriniert. Der geistig-kulturelle Kitt härtet. Sieben Jahre nach der Eröffnung gibt es diese Ausstellung in mehr als zwanzig Variationen in ganz Russland, von Sankt Petersburg bis Juschno-Sachalinsk am Pazifik.

Als Russland im Herbst 2015 offen in den Krieg in Syrien eintritt und die ersten Luftangriffe fliegt, erklärt Erzpriester Wsewolod Tschaplin die Luftoffensive zum „heiligen Kampf". Sie entspreche der Mentalität des russischen Volkes und der moralischen Rolle, die Russland immer in der Welt gespielt habe. Von den Gläubigen ist kaum Kritik zu hören. In der Kirche gewinnen stattdessen rechte Gruppen immer größeren Einfluss. Konstantin Malofejew ist Oligarch und träumt davon, eine Art christliches Zarenreich wiederherzustellen. Unter anderem finanziert er den

World Congress of Families mit, ein ultrarechtes internationales Netzwerk, in dem radikale Christen aus aller Welt, darunter Russen und US-Amerikaner, gegen Abtreibung und liberale Lebensentwürfe hetzen. 2019 wird Malofejew zum stellvertretenden Leiter des Allrussischen Weltkonzils gewählt, einer stramm nationalistischen Organisation der Russisch-Orthodoxen Kirche. Malofejew schafft es, dass Russland in der Verfassung die Ehe als Bündnis zwischen Mann und Frau festschreibt und traditionelle Werte als maßgeblich für die russische Nation festlegt.

Doch es geht nicht überall in der Russisch-Orthodoxen Kirche so unchristlich zu. Einzelne Priester machen, was sie für geboten halten, und werden dafür bestraft.

So jemand ist Pawel Adelheim. Wir treffen ihn im November 1995 in einem Dorf nahe der Provinzstadt Pskow, nicht weit von der Grenze zu Estland. Es liegt Schnee. Adelheim humpelt geschickt über den glatten Weg von der Dorfkirche zum Pfarrhaus. Das Gelenk seines Holzbeines knirscht bei jedem Schritt. Aus dem Keller tönt lautes Hämmern. Ein Jugendlicher öffnet die Haustür. „Dima, mein Lieber“, begrüßt ihn der Priester und küsst ihn auf die Stirn. Das Gesicht des Jungen ist noch kindlich, doch er ist bereits 19 Jahre alt. Dima ist eines von sieben Kindern, die Adelheim angenommen hat: Drei Mädchen und vier Jungen zwischen 17 und 20 Jahren, alle haben geistige Behinderungen. Adelheim hat ihnen das Pfarrhaus hergerichtet, lebt selbst mit Frau und Tochter in einer Wohnung in Pskow. Die Mädchen führen den Haushalt. So können sie sich selbst versorgen. In ihrer Freizeit bauen sie sich hinter dem Haus eine Sauna. Im Keller riecht es süßlich nach Stearin. Die Jungen stellen Kerzen her. Ein Junge zimmert eine Palette zusammen. Dima zeigt den Schmelztiegel und die Gussformen. In Regalen lagern Kerzenbündel. Hundert Kilo Kerzen produzieren die Jungen am Tag. Der Priester verkauft sie an die Diözese. „Die Kirchen nehmen dann den fünffachen Preis“, erzählt Adelheim.

„Den Gewinn behält die Kirchenleitung." Den Jugendlichen bringt die Kerzenproduktion gerade mal genug Geld, um Lebensmittel zu kaufen. Dima möchte im kommenden Jahr eine Berufsausbildung beginnen, „am liebsten etwas Technisches". „Schauen wir mal", sagt Adelheim. Er versucht, sie vor den menschenverachtenden sogenannten Invalidenhäusern zu bewahren. „In diesen Häusern vegetieren auch fast gesunde Menschen vor sich hin, die mit ein bisschen Zuwendung ebenso gut allein leben könnten." Nur, wer Wohnung und Arbeit nachweisen kann, hat eine Chance, die Heime zu verlassen. „Aber wie soll sich einer eine Wohnung suchen, wenn er in einer abgelegenen Einrichtung zwanzig Kilometer von den anderen Menschen entfernt aufbewahrt wird?"

Adelheims Vater wurde von Stalins Schergen erschossen. Seine Mutter kam 1941 ins Gefängnis, da war er drei Jahre alt. Er wurde in ein Heim gesteckt. Das war in Rostow am Don im Süden des heutigen Russland. Nach Stalins Tod konnte die Mutter das Gefängnis zwar verlassen, wurde aber in die Sowjetrepublik Kasachstan verbannt. Den Sohn nahm sie mit. Pawel fand Anschluss an eine russisch-orthodoxe Untergrundkirche. Als 16-Jähriger ging er nach Kyjiw und wurde Novize im Kyjiwer Höhlenkloster. Kaum volljährig, trat er in das Theologische Seminar in Kyjiw ein, wurde dort aber aus „politischen Gründen" hinausgeworfen und in die Sowjetrepublik Usbekistan versetzt. Dort musste er wegen angeblicher Verleumdung der sowjetischen Behörden drei Jahre in Haft. Im Lager verlor er sein Bein. Ein Eisenbahnwaggon fuhr darüber. Da war er Anfang 30. Die medizinische Versorgung war miserabel, er bekam Wundbrand, die Ärzte amputierten. Als er 1972 aus der Haft entlassen wurde, zogen er und seine Frau nach Pskow, weil sie dachten, dort sei der KGB nicht so aggressiv. Doch auch in Pskow wurde die Familie überwacht. Mit seinem persönlichen Aufpasser trinkt der Priester inzwischen Tee und hat dessen Kinder getauft. „Er hat ja auch nur seine Arbeit gemacht", sagt er.

„Der Kirchenleitung ist das Leben der Menschen egal", meint Adelheim. Ihm nicht. Auf dem Kirchengelände betreibt er eine Schule für 32 Kinder vor allem aus sozial schwachen Familien. Der Schulbesuch ist kostenlos, ebenso Frühstück und Mittagessen. Und auf dem Gelände der geschlossenen Anstalt des Gebiets Pskow für psychische Kranke lässt er eine Holzkirche bauen. Es hat ihn viel Mühe gekostet, die Anstaltsleitung für seine Idee zu gewinnen. „Ich möchte, dass die Kranken einen Ort der Ruhe haben, dass sie Kerzen leuchten sehen, dass es etwas Schönes in ihrem Leben gibt." Keines der Projekte wird vom Staat oder von der Russisch-Orthodoxen Kirche unterstützt. Dem Bischof missfällt Adelheims Engagement sogar. Auf Anordnung der Bistumsleitung wird der Priester später seine Gemeinde verlieren. Er wird einen Anschlag auf sein Auto überleben und sich 2012 als einer der wenigen russisch-orthodoxen Geistlichen offen für die Frauen der Performance-Gruppe Pussy Riot einsetzen. Im Jahr darauf wird Priester Pawel Adelheim im Alter von 75 Jahren von einem mutmaßlich Geisteskranken ermordet werden.

Die Mehrheit der Priester verhält sich unauffällig. So gleicht es einer Sensation, als sich im Sommer 2019 in Moskau ein Priester auf seine christliche Nächstenliebe besinnt und die Türen für Demonstranten öffnen, die gerade von der Polizei verprügelt und festgenommen werden. Sie haben gegen den Ausschluss zahlreicher Oppositionspolitiker von der Regionalwahl protestiert. Die Nachricht, dass ein Priester die Demonstranten einlässt, verbreitet sich schnell in sozialen Netzwerken. Einige kommentieren, die Kirche habe die Seite gewechselt. Und tatsächlich werden, als Moskauer Gerichte zahlreiche friedliche Demonstranten zu mehreren Jahren Haft verurteilen, erneut Priester aktiv. Sie schreiben einen offenen Brief, allerdings nicht im Namen der Kirche: „In Erfüllung der pastoralen Pflicht, Fürsprache für die Gefangenen einzulegen, halten wir, Priester der Russisch-Orthodoxen Kirche, jeder in seinem eigenen Namen, es für unsere Pflicht, unsere Überzeugung auszudrücken, dass die gegen eine Reihe von Angeklagten verhängten Gefängnisstrafen überprüft werden müssen."

So etwas hat es in der Russisch-Orthodoxen Kirche noch nicht gegeben. Die Unterschriften kommen aus ganz Russland. Auch russisch-orthodoxe Priester aus dem Ausland setzen ihren Namen darunter. Zu den ersten Unterzeichnern gehören Wladimir Lapschin und Oleg Batow. Wir treffen die beiden in ihrer Kirche ganz in der Nähe des Kreml. Die Gemeinde gilt als liberal. Frauen müssen hier, anders als in den meisten russisch-orthodoxen Kirchen, kein Kopftuch tragen. Lapschin trägt sein Haar, auch das ungewöhnlich für russisch-orthodoxe Priester, kurz. „Ich bin 72 Jahre alt und habe unter Stalin gelebt, unter Chruschtschow, unter Breschnew und unter Andropow. Ich weiß sehr gut, was Unfreiheit ist. Ich sehe, dass jetzt vieles wieder in diese Richtung läuft: Die Lüge der offiziellen Propaganda, die unfreie Justiz. Ich sehe, wie die Freiheit beschnitten wird, wie sich die Menschen an der Macht komplett danach richten, was Wladimir Putin wohl über etwas denken mag. Mir macht das Angst."

Sein Kollege Oleg Batow verweist auf den seligen Augustinus und dessen Schrift „Vom Gottesstaat". „Dort ist ein bemerkenswerter Gedanke enthalten: Ein Staat, der nicht auf Gerechtigkeit aufbaut, unterscheidet sich in nichts von einer Räuberbande. Das war es wohl, was mich dazu gebracht hat zu unterschreiben. Das gesamte Alte Testament ist vom Streben nach Gerechtigkeit durchzogen, von der Suche nach göttlicher Wahrheit, die sich in einer gerechten Gesellschaftsordnung ausdrückt. Wer verurteilt wird, muss ein gerechtes Urteil bekommen. Das ist in Russland nicht der Fall. Jene, die anders denken, als es der Macht genehm ist, werden von der repressiven Maschinerie viel stärker bestraft, als es geboten wäre." Der Raubzug der Mächtigen hat gravierende Folgen für das Land. Viele junge Leute verlassen Russland. In Moskau und

Sankt Petersburg träumen fast fünfzig Prozent der jungen Leute von der Emigration. Priester Lapschin macht das Angst. „Dass so viele gehen, heißt, dass dieses Land keine Zukunft hat. Ich habe sechs Enkelkinder, drei Jungs und drei Mädchen, und was vor ihnen liegt, weiß ich nicht. Gott sei Dank leben zwei von ihnen im Ausland, eine studiert in England, eine in Litauen. Aber die anderen sind hier in Russland, bei mir, und ich möchte, dass sie eine andere Zukunft haben."

Die Kirchenleitung verurteilt den Brief der Priester umgehend. Es sei der Kirche untersagt, sich in die Politik einzumischen. Sie hätten lediglich den Staat aufgefordert, sich an Gesetze zu halten, erläutert Priester Batow, und das sei ihre Pflicht. „Die Kirche richtet sich an Menschen. Menschen leben in einer Gesellschaft. Die Kirche kann da nicht außen vor bleiben, sie muss sich an gesellschaftlichen Prozessen beteiligen." Sein Kollege Wladimir Lapschin sagt es noch deutlicher: „Das Eintreten für Menschenrechte ist die erste Pflicht der Kirche und gläubiger Christen. Weil Menschenrechte eine unveräußerliche Gabe Gottes sind. Da geht es um den Kern des Christentums." Menschenrechte sind in der Russisch-Orthodoxen Kirche allerdings ein umstrittener Begriff. Individuelle Rechte, so heißt es in Russland oft, seien die Erfindung des dekadenten Westens. Die Russisch-Orthodoxe Kirche argumentiert ähnlich. Wachtang Kipschidse, der Sprecher des Patriarchen, behauptet, die Menschenrechte in ihrer heutigen Form seien ein vom Westen entwickeltes säkulares Konzept, wer ihm folge, fröne einem westlichen Individualismus, statt Gott und die Gemeinschaft der Gläubigen in den Mittelpunkt zu stellen. „Natürlich tritt die Kirche für die Achtung der Menschenrechte ein, aber wir wissen alle sehr gut, dass all diese Kategorien in unserer Welt sehr stark politisiert sind; dass der Begriff Menschenrechte im politischen Kampf zur Waffe wird; dass die, die mit Menschenrechten argumentieren, das meist tun, um in der Politik an die Macht zu kommen."

„Wir haben eine Art monarchistisches Bischofstum", erläutert Oleg Batow. „Es ist in der Russisch-Orthodoxen Kirche viel stärker als in anderen orthodoxen Kirchen. Es hat sich historisch so ergeben und setzt sich fort. Priester können wegen jeder Kleinigkeit strafversetzt werden, ganz wie ein Bischof es will." Dazu kommt eine hohe finanzielle Abhängigkeit der Priester, die oft große Familien versorgen müssen. Die Gemeinden können nicht helfen, sie sind juristisch nicht eigenständig, es gibt keine offizielle Gemeindemitgliedschaft. „Eine Gemeinde kann sich noch so sehr für ihren Priester einsetzen. Wenn du dem Bischof nicht gefällst, bist du weg vom Fenster", sagt Wladimir Lapschin. „Stellen Sie sich vor, ein Priester wird, weil er dem Metropoliten nicht mehr gefällt, aus der Stadt in die tiefste Provinz versetzt, in eine Gemeinde mit fünf bis zehn alten Frauen, in der es weder eine Schule noch ein Krankenhaus gibt, schon gar kein Kinderkrankenhaus. Er hat aber kleine Kinder. Das ist schrecklich. So etwas ist mehrfach passiert."

2022 ist die Russisch-Orthodoxe Kirche ein wesentlicher Teil der russischen Kriegsmaschinerie. Und Patriarch Kyrill nutzt eins zu eins die Worte der Propaganda, um seine Zuhörer gegen die Ukraine, den Westen, die Freiheit und Demokratie, Andersgläubige und Minderheiten aufzuhetzen. Anfang März spricht er von einem „metaphysischen Kampf", in den die Welt eingetreten sei. Im Donbass gehe es um die „Vernichtung der Menschen", zu der „die ganze Welt schweige". Im April ruft Kyrill die Gläubigen dazu auf, sich „mit Gottes Hilfe" hinter die Machthaber zu stellen. „Dann wird unser Volk wahre Solidarität zeigen und die Fähigkeit, äußere und innere Feinde abzuwehren, und unser Leben so zu gestalten, dass es darin möglichst viel Gutes, Wahrheit und Liebe gibt." Kyrill predigt zu Soldaten und sagt, mit ihnen sei „die Hoffnung auf Sicherheit, Freiheit und echte Unabhängigkeit unseres Landes" verbunden. „Wir lieben unser Vaterland, und wir werden es verteidigen, wie nur Russen das können. Wir sind ein friedliebendes und bescheidenes Volk, aber wir sind gleichzeitig bereit, unsere Heimat unter allen Umständen zu schützen. Ich kann nicht umhin, mich um all die Menschen zu sorgen, die dort leben, wo gekämpft wird. Schließlich sind das Menschen und Völker der Heiligen Rus. Sie alle sind unsere Brüder und Schwestern."

Was mit Priestern passiert, die sich dagegenstellen, bekommt Ioann Kurmojarow zu spüren. Im März 2022 nimmt der Sankt Petersburger Priester ein Video auf und stellt es online: „Freunde, nehmen wir die Lügen der Kreml-Propaganda auseinander. Die interessanteste ist die von Putin: ‚Sie werden sterben, und wir werden Märtyrer und kommen ins Paradies.'" Das von Kurmojarow benutzte Zitat stammt aus dem Jahr 2018. Putin war nach der Gefahr eines Atomkriegs gefragt worden und versicherte, Russland werde seine Atomwaffen nur dann einsetzen, wenn ein potenzieller Aggressor russisches Territorium angreife: „Wir sind Opfer der Aggression. Und kommen als Märtyrer ins Paradies. Sie aber werden einfach umkommen. Weil sie es nicht mal mehr schaffen werden zu bereuen." Es war eine dieser halb scherzhaften, halb ernsten Drohungen Putins, für die er sich wie häufiger ein Bibelzitat zurechtbog. Das Publikum lachte und applaudierte.

Priester Kurmojarow wirkt ein wenig blass in dem Video. Das kann aber am schlechten Licht liegen. Er schaut ernst: „Ich möchte alle enttäuschen, die an diese Lüge glauben. Aus Sicht der christlichen Lehre kommen wir nicht ins Paradies." Er zitiert die Bergpredigt: „‚Selig sind, die Frieden stiften; denn sie werden Gottes Kinder heißen.' Wer Frieden stiftet, kommt ins Paradies. Wer aber eine Aggression vom Zaun gebrochen hat, der kommt nicht ins Paradies. Ganz gleich, wie sehr er sich bemüht." Die Unterstützer des Krieges gegen die Ukraine warnt er: „Ihr kommt in die Hölle. In Wirklichkeit seid ihr die Aggressoren, die angegriffen haben, ihr vernichtet friedliche Bewohner des Nachbarlandes, sein Volk, das euch nicht will, das sein Schicksal selbst bestimmen soll." Das ist auch an die russischen Soldaten gerichtet, die in der Ukraine zu Tausenden sterben und denen Patriarch Kyrill verspricht, sie würden in Gottes Reich einziehen. Es dauert drei Monate, bis die Polizei zu Kurmojarow kommt. Sie beschlagnahmt seinen Computer, seine Soutane, zwei Ikonen, ein Holzkreuz und nimmt auch ihn mit. Der Priester landet im berüchtigten Untersuchungsgefängnis Kresty. Der Vorwurf: Er habe wissentlich falsche Informationen über die sogenannte „militärische Spezialoperation" verbreitet. Ihm drohen bis zu 15 Jahre Haft.

Nicht jedem Kritiker passiert etwas. Oleg Batow, einer der beiden Priester der liberalen Gemeinde in Moskau, spricht in seinen Predigten weiter offen über den Krieg und veröffentlicht die Texte anschließend in sozialen Netzwerken. In seiner Predigt am 24. Februar, dem Tag des groß angelegten Angriffs auf die Ukraine, klingt er ratlos: „Viele von uns fühlen sich jetzt machtlos, unfähig, irgendetwas zu tun. In der Tat können wir angesichts dieses Unglücks nur sehr wenig tun. Aber kleine Gebete, kleine Taten der Liebe bleiben möglich, und sie zählen in den Augen des Herrn." Erneut unterzeichnet Batow einen offenen Brief, gemeinsam mit knapp dreihundert anderen Priestern, Erzpriestern, Mönchen und Klostervorstehern. „Wir, Priester und Diakone der Russisch-Orthodoxen Kirche, wenden uns, jeder in seinem eigenen Namen, an alle, von denen die Beendigung des Bruderkriegs in der Ukraine abhängt, und rufen zu Aussöhnung und einem sofortigen Waffenstillstand auf", schreiben sie Anfang März 2022. Und weiter: „Das jüngste Gericht erwartet jeden Menschen. Keine irdische Macht, keine Ärzte, keine Sicherheitsdienste bewahren einen davor. Wir erinnern daran, dass das Leben eines jeden Menschen ein unschätzbares und einzigartiges Geschenk Gottes ist, und deshalb wünschen wir uns, dass alle Soldaten, sowohl die russischen als auch die ukrainischen, ganz und unverletzt in ihre Häuser und zu ihren Familien zurückkehren. Wir achten die von Gott gegebene

Freiheit des Menschen, und wir meinen, dass das Volk der Ukraine seine Wahl selbst treffen muss, nicht im Visier von Maschinengewehren, ohne Druck aus dem Westen oder dem Osten."

Die Verfasser verurteilen, dass Kriegsgegner, die es wagten, gegen den Angriff auf die Ukraine zu protestieren, massenhaft festgenommen wurden: „Kein gewaltloser Aufruf zu Frieden und einem Ende des Krieges darf mit Gewalt unterbunden und als Gesetzesverstoß betrachtet werden, denn das göttliche Gebot lautet: ‚Selig sind, die Frieden stiften.'" Sie vermeiden es, Russland als Verantwortlichen für den Krieg zu benennen. Der Brief hat keinen Adressaten. „Ich stehe in der Pflicht vor meinem Großvater, der in der Schlacht um Moskau gefallen ist, vor seinen Kindern, die immer wieder gesagt haben: ‚Hauptsache, es gibt keinen Krieg.' Aber jetzt ist der Krieg wieder zu uns gekommen", predigt Batow. „Wir müssen Buße dafür tun, dass wir wenig getan haben, um Frieden auf unserer Erde und in unseren Herzen zu bewahren, um zu verhindern, dass Krieg in unsere Beziehungen eindringt, um nicht von Bosheit und Hass ergriffen zu werden, damit wir weiterhin beten und unseren Nächsten mit Liebe begegnen können. Unter denen, die heute in Kiew sind, sind unsere Gemeindemitglieder, die bis vor Kurzem noch in der Kirche neben uns standen. Das vergessen wir oft. Herr, vergib uns Sündern!"

Er wirft damit eine zentrale Frage auf, die in der russischen Gesellschaft selten, zu selten gestellt wird. Die Frage nach dem eigenen Tun und der eigenen Verantwortung.

11. Dem Vaterland dienen – Schulalltag 2022

Schuljahresbeginn in Russland. Rund fünfzig Mädchen und Jungen stehen in der Aula einer Schule in Sankt Petersburg Spalier. Die Hymne erklingt. Fünf Jugendliche tragen die russische Fahne durch den Saal, versuchen sich im Gleichschritt. Vor der mit rotem Samt umkränzten Bühne stellen sie die Fahne in einen Ständer und sich selbst daneben. Für einen Moment stehen sie stramm. Die anderen lassen die Schultern hängen, was durchaus am Alter liegen kann. Ihre Mundwinkel hängen ebenfalls. Keiner lächelt. Eine Szene aus einer längst vergangenen Zeit, könnte man denken, trügen die Kinder nicht Jeans und moderne Sneakers. Keiner weiß, wohin mit den Händen, sie haben sie unbeholfen vor den Hosentaschen. Es ist der 1. September 2022. Unser Freund Pawel hat die Bilder geschickt, seine jüngste Tochter ist dabei. Für die Schüler bricht eine neue Zeit an, nicht nur ein neues Schuljahr. Denn ab sofort beginnt die Woche mit einem Fahnenappell. Jeden Montag besingen sie nun ihr Land als „geheiligte Macht", „einmalig in der Welt": „Die Treue zu unserem Vaterland gibt uns Kraft. So war es, so ist es, und so wird es immer sein."

In der nun angebrochenen neuen Zeit gibt es auch ein neues Schulfach: „Gespräche über Wichtiges". Es soll gleich nach dem montäglichen Fahnenappell abgehalten werden, jede Woche mit einem anderen Schwerpunkt. Mal geht es um „Unser Land – Russland", mal um den „Tag des Vaters" oder den „Tag der Mutter". „Traditionelle Familienwerte" stehen ebenso auf dem Plan wie „Symbole Russlands". Auf einer Onlineplattform stellt das Ministerium für Aufklärung Unterrichtsmaterial bereit. Die Behörde ist 2018 aus dem Ministerium für Bildung und Wissenschaft ausgegliedert worden, auch das ein Rückgriff auf die Organisationsstruktur der Sowjetunion. Lehrvideos sollen schon die Kleinsten auf die Heimat einschwören. Erstklässler lernen, ihre Stadt oder Region und die ihr eigene Natur zu lieben, die sogenannte kleine Heimat. Dabei helfen Bilder von Birkenwäldern und niedliche Tierfotos von einem Rentier im arktischen Norden, einem Bären und einem Luchs in der Tundra, einem Eichhörnchen und einem Fuchs. „Liebe zu Russland", heißt es, „beginnt mit der Liebe zur kleinen Heimat."

Achtklässler erfahren: „Russland ist 1,8-mal so groß wie die USA und dreißigmal größer als Frankreich." Russland hat die längste Eisenbahnstrecke der Welt und den tiefsten See. Natürlich darf Juri Gagarin, der erste Mensch im Weltall, auf der Liste der Superlative nicht fehlen, und auch Gennadi Padalka, der so lange wie kein Mensch vor ihm im Kosmos war. Das Unterrichtsvideo lehrt, dass Russland reich an Rohstoffen ist und Weltspitze, was den Export von Kunstdünger angeht. So weit, so richtig. Seltsam wird es bei den Erfindungen, die angeblich von Menschen aus Russland stammen: die Glühbirne, der Fernseher, der Benzinmotor, der Mähdrescher, der Hubschrauber „und noch jede Menge weiterer nützlicher Dinge". An den meisten der genannten Erfindungen waren mehrere Forscher beteiligt, und Russen waren eher in der Minderheit. Einige machten ihre großen Erfindungen erst, nachdem sie Russland verlassen hatten, wie der Luftfahrtpionier Igor Sikorski. Der war 1919 in die USA ausgewandert, dort erfand er 1940 auch den Hubschrauber. Die Sikorsky Aircraft Corporation im US-Bundesstaat Connecticut ist bis heute einer der weltweit führenden Helikopterhersteller. Solche Details unterschlägt das Lehrvideo. Dafür lernen die Schüler: „Es gibt viel, worauf die Bürger Russlands stolz sein und wofür sie ihre Heimat lieben können."

Am Abend des 1. September 2022 zeigen die Fernsehkanäle in Russland, wie Wladimir Putin persönlich in Kaliningrad ein erstes „Gespräch über Wichtiges" abhält. Er trifft die Gewinner der russlandweiten Schüler-Olympiaden. Putin redet über Zielstrebigkeit, Verantwortungsgefühl, Kreativität und Fleiß – das seien die Wege zum Erfolg. Er mahnt die Jugendlichen, sich um alte Menschen zu kümmern. Eine Aufgabe, die der russische Staat ohne ehrenamtliches Engagement nicht bewältigen kann. Über den Krieg gegen die Ukraine sagt er, Kiew habe 2014 einen Krieg gegen die Menschen im Donbass begonnen. „Unsere Aufgabe, unsere Mission, die Mission unserer Soldaten und der Milizen im Donbass ist, diesen Krieg zu beenden, die Menschen zu schützen und natürlich auch Russland selbst zu schützen, denn auf dem Gebiet der heutigen Ukraine wurde damit begonnen, eine antirussische Enklave zu schaffen, die unser Land bedroht." Die russischen Soldaten verdienten Unterstützung: „Das ist sehr wichtig. Auch vonseiten der jungen Menschen. Denn die Jungs, die dort kämpfen, riskieren ihre Gesundheit, und viele kommen um. Sie müssen verstehen, wofür sie ihr Leben geben: für Russland und für die Menschen, die im Donbass leben." Was für ein Kontrast zum Schulbesuch im Frühjahr 2001 in Demjansk und dem Bekenntnis, nie wieder Krieg führen zu wollen.

Putin kann diesen Tabubruch begehen, weil kaum jemand den Jugendlichen beigebracht hat, für Frieden einzustehen, Krieg zu verhindern oder sich in zivilem Ungehorsam zu üben. Es hat keine Diskussion über die Idee vom Staatsbürger in Uniform oder vom Recht und der Pflicht, Befehle aus Gewissensgründen zu verweigern, gegeben. Verantwortung des Einzelnen blieb fremd. Ziviler Ungehorsam ist schon in freien Gesellschaften schwierig und erfordert Mut. In Russland waren die Lehrer in ihrer Mehrheit mit diesen Themen überfordert. Viele machten einfach so weiter wie in der Sowjetunion.

In der Sowjetunion waren Unterrichtsinhalte zentral vorgegeben. Die Rollen waren klar verteilt: Die Lehrer sagen, was die Schüler wissen müssen, und verteilen Noten. Das System war streng hierarchisch. Dementsprechend gab es in den Schulen, wie überall, so gut wie keine jungen Leute in Führungspositionen. Mitte der 80er, mit der Perestroika, sollte sich das ändern. Plötzlich konnten die, die eine gute Idee hatten, diese auch umsetzen. Als die Sowjetunion zusammenbrach, atmeten einige Lehrkräfte auf, vor allem jüngere. Nun wurden Inhalte entstaubt und von den Dogmen der Sowjetunion befreit. Mathelehrer mussten ihren Schülern nicht mehr beibringen, wie man die Flugbahn einer Gewehrkugel berechnet und wie viel Raum Soldaten brauchen. Viele Ältere aber waren verunsichert. Verarmt waren sie alle. Lehrer mussten Privatstunden geben, um über die Runden zu kommen. Der Staat war in den 90er Jahren relativ abwesend. So entstand eine Sehnsucht nach Haltegriffen. All das, das oberflächliche und vor allem passive Bekenntnis zum Frieden, die klaren Hierarchien und das Unwissen, hilft der russischen Führung mit Putin an der Spitze, das Rad zurückzudrehen, auch in der Schule. Und die große Mehrheit der Lehrkräfte macht mit. Die Botschaft ist klar: Nach der Zeit des Chaos in den 90er Jahren, nach der Zeit, in der der Einzelne alleingelassen wurde und irgendwie durchkommen musste, sind wir wieder geeint. Ihr dient dem Vaterland.

Viele Schüler ahnen allerdings, dass das Vaterland nicht für sie da sein wird. Trotz aller staatlichen Versuche, das Internet einzuschränken, sind viele Jugendliche auch in Russland im Netz unterwegs, treffen sich mit Gleichaltrigen in internationalen Foren, folgen weltweiten Modetrends. Mit der verstaubten Sprache des Staatsapparates und ihrer Vertreter können sie nichts anfangen. Die sowjetischen Verhaltensmuster kennen sie allenfalls noch von den Großeltern. Die Bildungspolitik ist eine Möglichkeit, auch die aufmüpfigsten und die apathischsten jungen Menschen zu beeinflussen und zu kontrollieren. Konnten sich junge Menschen den Putin-treuen Jugendorganisationen wie den Naschi noch entziehen, ermöglicht die Schule dem Staat flächendeckende Manipulation. Es ist eine Investition in die propagandistische Zukunft. Denn was Menschen früh lernen, stellen sie später selten infrage und glauben lange an dessen Richtigkeit.

Bereits im Jahr 2020 hat die Duma deshalb ein Gesetz über die „Verstärkung der patriotischen Erziehung in Schulen und Hochschulen" verabschiedet. Putins Apparat hat aktiv an dem Gesetz mitgeschrieben. Erziehung heißt seitdem, Kindern patriotische und staatsbürgerschaftliche Gefühle beizubringen und ihnen Achtung vor den Siegen der Helden des Vaterlandes zu vermitteln. Wjatscheslaw Wolodin, Vorsitzender der Staatsduma, hat es so formuliert: „Bildung muss nicht nur Wissen und Fertigkeiten beinhalten, sondern auch geistig-moralische Werte, die die Persönlichkeit formen und die Gesellschaft einen." Gleichzeitig hat Russland seine Verfassung geändert. Ein Passus über Russlands Geschichtspolitik macht aufgeklärten Geschichts- und Politikunterricht seither quasi unmöglich: „Die Russische Föderation ehrt die Erinnerung an die Verteidiger des Vaterlandes, verteidigt die historische Wahrheit. Es ist nicht erlaubt, die Bedeutung der Heldentaten des Volkes bei der Verteidigung des Vaterlandes zu schmälern." Die Herrschenden nennen es Patriotismus.

Als Russland die Ukraine am 24. Februar 2022 großflächig angreift, beugt das Regime vor. Die Vorgesetzten verbieten den Lehrern, unbedarft mit ihren Schülern über den Krieg in der Ukraine zu sprechen, und viele halten sich daran. Eine Englischlehrerin aus Moskau berichtet dem russischen Investigativportal *The Insider* kurz danach, dass sie von Schülern der siebten Klasse mit Fragen bedrängt wurde. „Sie wollten wissen, was ich über diesen Krieg denke." Die Lehrerin hat nicht geantwortet. „Die Schüler haben sich sehr gewundert: Warum haben alle Angst, warum kann man nicht einfach seine Meinung sagen? Sie denken, wenn alle schweigen, endet dieser Krieg nie. Einige sind ganz verzagt. Sie fragten mich, warum sie überhaupt in die Schule gehen, Fremdsprachen lernen und Weltliteratur lesen sollen, wenn sie künftig komplett von der Außenwelt isoliert sind."

Zugleich erhalten die Lehrer Handreichungen, ähnlich dem „Notizbuch des Agitators", das die Kommunistische Partei der Sowjetunion alle paar Wochen an Multiplikatoren verteilte. In den Anweisungen wird genau vorgegeben, was in den verschiedenen Klassen über den Krieg in der Ukraine zu sagen ist. Zentral dafür ist Wladimir Putins Rede über die Gründe für die sogenannte „militärische Sonderoperation", die am 21. Februar 2022 landesweit im russischen Fernsehen übertragen wurde. Putin spricht darin der Ukraine jegliche Selbstständigkeit ab und behauptet zum wiederholten Mal völlig frei von Belegen, das Nachbarland plane mit westlicher Hilfe Militäraktionen gegen Russland. Anders als 1940/1941, als die Sowjetunion versucht habe, den Aggressor nicht zu provozieren und damit den Überfall der Wehrmacht auf die Sowjetunion erst ermöglicht habe, müsse Russland sich dieses Mal, so Putin in der Ansprache sinngemäß, wappnen.

Laut der Vorgabe sollen Lehrer der siebten und achten Klassen Folgendes sagen: „Wir, Russland, haben die Ukraine immer unterstützt und uns um sie gekümmert – weil wir ein Volk sind und es keinen Hass zwischen unseren Ländern geben kann. Doch leider kam es 2014 in der Ukraine zu einem verfassungswidrigen und blutigen Staatsstreich, in dessen Verlauf viele unschuldige Menschen gestorben sind. Es kam eine proamerikanische Regierung an die Macht, und faktisch wurde das souveräne Land einer ausländischen Kontrolle unterstellt."

Die Antworten auf zu erwartende Fragen der Schüler sind vorgegeben: „Frage: Ist das ein Krieg mit der Ukraine? Hätte man ihn vermeiden können? Antwort: Das ist kein Krieg mit der Ukraine, sondern eine friedensstiftende Sonderoperation mit dem Ziel, Nationalisten in die Schranken zu weisen, die die russischsprachige Bevölkerung unterdrücken. Ziel der Maßnahme ist, Menschen zu schützen, die acht Jahren lang misshandelt, einem Genozid vonseiten des Kiewer Regimes ausgesetzt wurden." Der letzte Satz ist fett gedruckt. Dass internationale Experten keinerlei Belege für einen angeblichen Genozid von ukrainischer Seite an Russischsprachigen fanden – egal.

In den neunten bis elften Klassen sollen die Lehrer laut Handreichung den Bogen zum Zweiten Weltkrieg schlagen: „Kriege müssen gestoppt werden, so wie unsere Großväter und Urgroßväter es 1941 getan haben, als sie unter großen Verlusten, geeint im Patriotismus dem schleichenden faschistischen Dreck Einhalt geboten haben. Genauso ist es auch jetzt für uns wichtig, einen künftigen Krieg zu verhindern und den echten Krieg, den das Regime der Ukraine gegen Russland führt, zu beenden. Das Regime eines Landes, das seit 2014, also seit acht Jahren, nach den zerstörerischen Befehlen eines anderen handelt. Russlands Präsident und die Armee setzen Berufssoldaten ein, um das militärische Potenzial eines faschistischen Staates zu zerstören, der nur zu einem einzigen Zweck geschaffen wurde: Russland zu unterwerfen. Jedem ist klar, wenn wir das jetzt nicht tun, wird es in drei oder vier Jahren zu spät sein. Ich wiederhole es noch einmal: Dann wird es einen großen Krieg geben, und da wird man nicht mehr nur mit der Berufsarmee auskommen. Sondern dann wird man wie im Jahr 1941 Reservisten und alle Volljährigen für den Krieg einberufen müssen. Dann werdet ihr all eure Träume und Pläne hintanstellen und sie für eine Weile vergessen müssen. Manche sogar für immer."

In vielen Schulen werden die Klassenlehrer angewiesen, diese Handreichungen zu verwenden. Und als es nach dem 24. Februar Proteste gegen den Krieg gibt, bei denen vor allem junge Leute auf die Straße gehen, verschicken einige Schulen Briefe an die Eltern. Zum Beispiel auf der Halbinsel Sachalin im Fernen Osten. Das Portal *Mediazona* hat den Text veröffentlicht:

„Sehr geehrte Eltern! In den vergangenen Tagen wurden im Internet Aufrufe an Kinder und Jugendliche verbreitet, sich an Antikriegsaktionen in russischen Städten zu beteiligen. Kinder sind neugierig und aktiv, aber leider bemerken sie es nicht, wenn sie von skrupellosen Erwachsenen manipuliert werden. All dies kann ein Kind zu illegalen Handlungen verleiten und zu einer bedauernswerten Situation führen. Seien Sie so wachsam wie irgend möglich, interessieren Sie sich für die Pläne Ihrer Kinder und schützen Sie sie vor der Gefahr, an nicht genehmigten Aktionen teilzunehmen."

Sich gegen die Vorgaben zu wehren, erfordert Mut. Einige tun es trotzdem. Marina Dubrowa hat deshalb ihren Job verloren. 30 Jahre hat sie an ihrer Schule in Korsakow Englisch unterrichtet. Die Stadt mit rund 30 000 Einwohnern liegt mehr als 6000 Kilometer Luftlinie von Moskau entfernt auf der Halbinsel Sachalin. Es ist fast der letzte Winkel des Landes, doch das heißt noch lange nicht, dass man dort ungestraft sagen kann, was man weiß und darüber denkt. Dubrowa weiß viel, denkt viel und redet darüber. Sie hat *BBC* und *Euronews* geschaut, bis diese in Russland verboten wurden. Als der Staat immer mehr Websites in Russland sperrte, sicherte sie sich mit VPNs, Technologie, die verschleiert, wer eine Website aufruft, auch weiter den Zugang zu unabhängigen Informationsquellen. Dubrowa ist entsetzt, als Russland den groß angelegten Angriff auf die Ukraine beginnt. Von dem Ausmaß des Hasses, den sie unter ihren Schülern wahrnimmt, ist sie schockiert. So erzählt sie es später dem Onlineportal *Sibir Realii*, einem Projekt von *Radio Swoboda*.

Dubrowa beschließt, etwas gegen den Hass zu tun, und spielt ihrer achten und ihrer elften Klasse das Musikvideo „Mir bes woiny" („Eine Welt ohne Krieg") vor. Es ist von 2014. Kinder aus Russland, der Ukraine, Belarus, Israel und Deutschland haben es gemeinsam aufgenommen. Das Video ist bei YouTube frei verfügbar. Die Kinder singen von den vereisten Herzen der Erwachsenen, von der Sehnsucht nach Liebe und Toleranz und davon, dass sie gemeinsam alles verändern müssen. Sie singen neben Russisch am Ende auch Ukrainisch und Englisch. Hinter dem Projekt steht Jewgeni Orlow, ein russischer Musikproduzent. Er hatte das berühmte „We are the World" vor Augen, mit dem US-amerikanische Popstars in den 80er Jahren den Hunger in Äthiopien lindern wollten. 2014 wollte er mit dem Lied den Krieg gegen die Ukraine stoppen. Als Marina Dubrowa ihren Schülern das Video vorspielt, kommen einige in der Pause auf sie zu. Was sie über die „militärische Sonderoperation" denke, wollen sie wissen. Dubrowa ahnt nicht, dass die Schüler das Gespräch aufnehmen, und antwortet ehrlich: Sie halte die Kriegshandlungen für einen Fehler. Schon am nächsten Tag wird sie zur Direktorin zitiert. Die sagt ihr, sie dürfe mit den Schülern nicht über Politik sprechen. Kurz darauf kommt die Polizei. Marina Dubrowa muss umgerechnet rund 500 Euro Strafe zahlen, wegen angeblicher Diskreditierung der Handlungen der russischen Streitkräfte. Kurz darauf verliert sie ihren Job. Die Direktorin stiehlt sich aus der Verantwortung, sie habe keine andere Wahl, als sie zu entlassen, „die Öffentlichkeit" habe das gefordert. So erzählt es Dubrowa später dem lokalen Nachrichtenportal *sakh.com*. Die Journalisten bitten die Direktorin um eine Stellungnahme – ohne Erfolg. Die Bildungsbehörde von Sachalin teilt mit, Marina Dubrowa habe „gegen moralische und ethische Prinzipien" eines Pädagogen verstoßen.

Immer mehr solcher Fälle werden bekannt und sorgen dafür, dass Angst an den Schulen umgeht. Auch in einer Sportschule in Pensa trifft es eine Englischlehrerin, sie heißt Irina Gen. Pensa liegt in Zentralrussland und hat rund eine halbe Million Einwohner.

Irina Gen reist gern, hat viele europäische Länder gesehen. Mitte März 2022 fragen im Unterricht zwei Achtklässlerinnen, die sich offenbar für internationale Wettkämpfe qualifiziert haben, weshalb sie nun doch nicht zu den Turnieren im Ausland fahren dürfen. Die Lehrerin antwortet, sie halte es für richtig, dass die Mädchen nicht reisen dürfen. Es folgt ein äußerst hitziges Gespräch:

„Solange sich Russland nicht zivilisiert verhält, wird das ewig so weitergehen", sagt Gen. „Sie haben angefangen, die Westukraine zu bombardieren. Was hat die Westukraine damit zu tun?! Sie wollten bis Kiew gehen, Selenskyi stürzen, die Regierung. Aber das ist ein souveräner Staat mit einer souveränen Regierung."

„Aber wir kennen doch nicht alle Details", erwidern die Schüler.

„Genau, ihr wisst überhaupt nichts. Ihr wisst ganz und gar nichts."

„Aber niemand weiß etwas."

„Doch. Ich schaue mir hundert, zweihundert verschiedene unabhängige Quellen an. Ihr habt keine einzige Quelle angeschaut. Wir haben ein totalitäres Regime. Jede Form von anderem Denken gilt als Verbrechen. Es ist richtig, ihr habt damit nichts zu tun. Aber wir sind ein Schurkenstaat, wir sind Nordkorea. Ein Schurkenstaat! Niemand empfängt uns jetzt mehr. Die Weltgemeinschaft ist erstaunt, wie man sich in der zivilisierten Welt überhaupt so benehmen kann. So ist das nun mal … Wann wolltest du denn zum Wettkampf nach Tschechien fahren?"

„Im Juni.“

„Stand das schon hundertprozentig fest?“

„Ja, im Juni sollte das sein.“

„Das wird nichts. Bis Juni wird sich nichts ändern, meine Liebe.“

Auch Gen weiß nicht, dass die Schüler das Gespräch aufnehmen. Es dauert nur wenige Tage, da lädt der russische Geheimdienst die Lehrerin vor. Wie genau der Mitschnitt zu den Sicherheitsbehörden kam, ist unklar. Wie das Verhör läuft, erzählt Irina Gen später bei *Radio Swoboda*: Der Offizier hält ihr vor, sie habe den Schülern von der Bombardierung der Geburtsklinik in Mariupol durch russische Streitkräfte erzählt. Er meint, sie habe etwas Falsches verbreitet, schließlich habe das russische Verteidigungsministerium diese Information als Fälschung entlarvt. Irina Gen steht dazu, mit der Schulklasse über die Angriffe auf die Geburtsklinik gesprochen zu haben. Dass es sich dabei aber um Falschmeldungen gehandelt habe, wie der Geheimdienstler behauptet, weist sie entschieden zurück. Sie habe im Internet Fotos und Videos ausländischer Journalisten aus Mariupol gesehen und keinen Zweifel an deren Echtheit gehabt. Sie erhält fünf Jahre Haft auf Bewährung und drei Jahre Berufsverbot. „Die Leute haben mich wegen des Strafprozesses bemitleidet“, sagt sie im Gespräch mit *Radio Swoboda*, „aber niemand hat mich wegen meiner Haltung zur Ukraine unterstützt. Meine Kollegen haben wahrscheinlich gedacht: Ist die dumm, dass sie sich da reingeritten hat.“ Die 45-Jährige räumt ein, naiv gewesen zu sein: „Ich hätte es wissen müssen. Mein Großvater und ein Großonkel wurden auf der Grundlage von Denunziation verurteilt. Beide wegen antisowjetischer Agitation. Denunzianten hat es immer gegeben, es gab immer Menschen, die zu solchen Gemeinheiten fähig waren. Es gibt Zeiten, in denen niemand auf ihr verleumderisches Geschwätz achtet, und es gibt Zeiten wie jetzt, in denen die Leute zu so etwas erzogen werden, in denen Denunziation gefördert wird." Die neuen Zeiten erinnern stark an die alten Zeiten. In welchem Maß diese Erziehung bei den jungen Leuten zündet, ist offen.

Unser Freund Pawel erzählt uns, seine Tochter höre bei den „Gesprächen über Wichtiges" am Montagmorgen einfach nicht zu und spiele auf dem Handy. Der Klassenlehrer sei in Ordnung und schaue weg. Die Allianz der Lehrer, eine unabhängige überregionale Gewerkschaft von Pädagogen, und die Bewegung Weiche Kraft, ein loses Bündnis oppositioneller Politikerinnen aus mehreren russischen Regionen, rufen Eltern, Lehrer und Schüler auf, die „Gespräche über Wichtiges" gleich ganz zu boykottieren. Die Teilnahme an dem neuen Unterrichtsfach sei, so argumentieren sie, gar nicht verpflichtend. In einem offenen Brief schreiben sie: „Das Thema ‚Dienst am Vaterland' zieht sich wie ein roter Faden durch die Stunden. Statt die Bedeutung der Persönlichkeit herauszustellen und den Kindern beizubringen, wie wichtig es ist, Persönlichkeit zu respektieren und zu entwickeln, sollen sich die Kinder damit abfinden, dass das wichtigste Ideal darin besteht, zu dienen, und ihre eigenen Wünsche und Neigungen vergessen. In der dem Tag des Vaters gewidmeten Unterrichtsstunde wird zum Beispiel als Vorbild der sowjetische Film ‚Die Kinder des Don Quijote' angeführt, in dem der Hauptheld seinen Sohn überredet, einen uninteressanten Job anzunehmen, weil es ihm die Heimat befiehlt. Möchten Sie, dass Ihren Kindern das in der Schule gesagt wird? Vielleicht finden Sie selbst bessere Worte, um die schwierige Situation zu erklären, in der sich unser Land befindet, und um zu erläutern, was Liebe zum Vaterland bedeutet? Unserer Ansicht nach ist ein Patriot ein Mensch, der sein Heimatland liebt, der sich darum bemüht, dass seine Mitbürger besser leben, und der dementsprechend in der Lage ist, die Tätigkeit der Staatsmacht objektiv zu beurteilen. Ein Patriot ist ein Mensch, der sein Heimatland liebt und achtet und gleichzeitig anderen Ländern und Völkern mit Respekt begegnet. Wir sind davon überzeugt, dass echter Patriotismus nicht in einer Atmosphäre von Hass, Angst und Zwang gedeiht. Patriotismus kann nur vermitteln, wer selbst Vorbild ist, indem er Wohltätigkeit übt, die Umwelt schützt, historisches Erbe erforscht und bewahrt. Und das sollten die Eltern tun. Die Schule sollte dabei helfen, statt es zu behindern. Es ist vor allem die Aufgabe der Eltern, nicht der Beamten."

Der Appell erreicht nur einen Bruchteil der Bevölkerung. Die Website der Allianz der Lehrer wurde gesperrt. Die Weiche Kraft hat sich erst Anfang 2022 gegründet und ist im Land kaum bekannt. Im Staatsfernsehen wird selbstverständlich nicht über den offenen Brief und den Boykottaufruf berichtet.

Anfang September veröffentlicht ein russisches Exilmedium, das Investigativportal *Waschnye Istorii*, das Transkript einer ersten Unterrichtsstunde „Gespräch über Wichtiges" in Moskau. Schüler haben sie mitgeschnitten und die Aufnahme Journalisten geschickt. Die Lehrerin erzählt darin von angeblichen ukrainischen Nationalisten, die eine Frau und ihr vierjähriges Kind erschossen hätten. Die Schüler schweigen. Das „Gespräch" ist in Wirklichkeit ein Vortrag. Als die Lehrerin die Schüler fragt, ob sie sich für Patrioten oder für Nationalisten halten, flüstert ein Mädchen der Sitznachbarin zu: „Gibt es noch eine dritte Variante?"

Was jetzt passiert, erinnere sie an ihre eigene Jugend in der Sowjetunion, schreibt Jelena Rostunowa Anfang September, da ist sie bereits nach Israel emigriert. Wir haben die Fotografin 2012 am Rande der großen Demonstrationen in Moskau kennengelernt und mit ihr zusammengearbeitet. „Ich bin in der Sowjetunion geboren und habe in der Sowjetunion die Schule abgeschlossen. Wir haben die Nationalhymne gelernt, aber ich konnte sie nie. Wir haben auch das rote Halstuch und den Stern der Oktoberkinder getragen. Das Halstuch haben wir bei der ersten Gelegenheit in die Tasche gesteckt. Es gab auch regelmäßig Politinformation, an einige Stunden kann ich mich noch erinnern – oft wurde uns von den Schrecken in befreundeten Länder erzählt, davon, wer wen wie umgebracht hat, und dass das sowjetische Volk alle rettete. Auch an das ewige ‚Wir brauchen keinen Krieg' erinnere ich mich. Und an das Antreten und die Lieder, dieses Patriotische, wenn die ganze Klasse im Gleichschritt marschiert und irgendetwas Heroisches singt. Ich fand nie den Takt. Und all das hat mir nichts, keinerlei Patriotismus und keine besondere Liebe zur Heimat eingeimpft. Vielleicht wollten sie zu viel von all dem in uns hineinstopfen, sodass es rückwärts wieder rauskam. Ich hoffe trotz allem, dass sich die Finsternis lichten wird. Dass der Verstand, das Gute, die Barmherzigkeit siegen werden. All diese Veranstaltungen, die jetzt obligatorisch werden sollen: Politinformation, Gespräche mit dem Klassenlehrer, werden irgendwann zu einer bloßen Formalität werden, die sich in Luft auflöst und zu Asche wird."

So lange legt die russische Armee im Nachbarland Städte in Schutt und Asche.

12. Was tun?

Während wir dieses Buch fertigstellen, hält der Krieg an und Russland zerbombt die Ukraine, tötet und deportiert Menschen, zwingt Millionen zur Flucht. Ungeduldig greift die westliche Öffentlichkeit jeden Hinweis auf ein Ende der Ära Putin unabhängig von dessen Wahrheitsgehalt auf: auf einen möglicherweise bevorstehenden Putsch in seinem engeren Umfeld, auf mutmaßliche Terroristen, den inneren Zerfall Russlands durch Separatisten und einen Aufstand der Bevölkerung, weil die Führung zu weit gegangen ist. Auch Gerüchte, Putin sei schwer krank, saugen viele hoffnungsvoll auf. Sie greifen nach jedem Strohhalm, der auf Veränderungen an der Spitze Russlands deutet. Doch ganz gleich, ob irgendetwas davon eintritt – die Probleme wären damit nicht gelöst. Denn selbst wenn Putin geht, bleibt die russische Gesellschaft. Es sind die Menschen in Russland, die Putin möglich gemacht haben.

Diese Gesellschaft hat die Verbrechen der Sowjetzeit nie aufgearbeitet. Nationalismus und Chauvinismus wurden nicht bekämpft, sondern sind Teil staatlicher Politik und Propaganda geworden. Schlüsselakteure aus Kirche, Wirtschaft, Bildung und den reichweitenenstärksten Medien haben mit dem repressiven Staat kooperiert, statt sich aktiv zu widersetzen. Die Opposition war zu klein, die Strategie für gewaltlose Veränderungen und Aufklärung der Gesellschaft erwies sich als nicht stark genug, um den Repressionen zu widerstehen.

Es gab keine kritische Auseinandersetzung mit der Rolle Russlands innerhalb der Sowjetunion. Die meisten Russen haben ihre Angst nie überwunden. Zu den historischen Traumata des

Totalitarismus kamen neue Erfahrungen von Gewalt und Unterdrückung, die die Angst vor Repressionen noch verstärkten. Traumata werden unterbewusst an nachfolgende Generationen weitergegeben. Diese sind sich dessen häufig nicht bewusst, wissen nicht, dass ihre Eltern und Großeltern eventuell Teil des Unterdrückungsapparates der Sowjetunion waren oder warum ihre Vorfahren deportiert und verbannt wurden und sie heute in den entlegenen Gegenden Russlands leben. Angst hat auch die Putin-Gegner in entscheidenden Momenten davon abgehalten, die nötigen Schritte zu gehen, um Putin zu stoppen. Und dann ist da noch die Gleichgültigkeit der Massen, gepaart mit Unwissenheit über die Vergangenheit und Gegenwart in und außerhalb Russlands. Es gibt in Russland nur bei sehr wenigen Menschen staatsbürgerschaftliches Bewusstsein, kaum jemand fühlt Verantwortung für das Handeln des Staates. Die Überzeugung, ohnehin nichts ändern zu können, ist so tief verwurzelt, dass man von einer Abwesenheit der Bürger sprechen kann.

Seit der Jahrtausendwende nutzt eine immer aggressivere und allgegenwärtige Propaganda diese Gemengelage. Systematisch wird den Menschen weisgemacht, Russland sei von missgünstigen Feinden umzingelt, Russen seien Opfer, die sich „von den Knien erheben" müssten, um eine „heilige Mission" zu erfüllen. Gleichzeitig stilisiert die Propaganda Russen zu einem ‚Siegervolk', das nahezu unschlagbar sei, wenn es geeint aufstehe. Ein Paradoxon. Dazu verkaufen die Machthaber den Menschen eine verklärte Vergangenheit als Vision für eine bessere Zukunft.

Putin konnte ein Regime errichten, das ähnlich funktioniert wie die Mafia. Er regiert mit Erpressung, Angst und Willkür und nutzt diese Mittel auch in der Außenpolitik. Dieses System dient der Bereicherung derer, die Macht haben und ausüben. Das beginnt bei Putins versteckten Reichtümern und Rohstoffgeschäften mit anderen Ländern und endet mit den Raubmordzügen einfacher russischer Soldaten in der Ukraine. Gewalt spielt in der russischen Gesellschaft eine zentrale Rolle. Es gibt in diesem System keine Moral, die diesen Namen verdient.

Natürlich ist nicht allein die russische Gesellschaft daran schuld, dass Russland heute diesen Krieg gegen die Ukraine führen kann. Westliche Länder haben sich auf Putins Geschäftspraktiken eingelassen und seine Macht damit gefestigt. Besonders deutsche Bundesregierungen und ganz zentral Vertreter der deutschen Wirtschaft haben sich mit Putin und seinem autoritären Kurs arrangiert, haben Kriege und Erpressung ignoriert oder schöngeredet. Warnende Stimmen russischer Oppositioneller und Menschenrechtler, Analysen von Wissenschaftlern und Journalisten, Warnungen aus mittel- und osteuropäischen Staaten wurden geflissentlich ignoriert oder kleingeredet. Auch da gibt es viel aufzuarbeiten. Doch das ist ein weiterführendes Thema und sprengt den Rahmen dieses Buches.

Zur Frage, welchen Ausweg es für die vom Totalitarismus durchdrungene Gesellschaft gibt, äußert sich der Soziologe Lew Gudkow in einem Interview mit *Radio Swoboda* im August 2022: „Schnell wird das nichts. Es hängt vor allem vom Zustand der Eliten ab. Ich meine nicht die regierenden Eliten, sondern die intellektuellen, die moralischen. Wir brauchen eine Elite, die die Situation nüchtern betrachtet, die die wunden Punkte finden kann."

Viele Vertreter der russischen Intellektuellen sind ins Ausland geflohen. Vor allem auch Oppositionelle. Nicht wenige von ihnen sehen sich als Opfer Putins und stellen die Frage nach der eigenen Verantwortung für Russlands Krieg gar nicht erst. Diese Sicht ist besonders im Umfeld Alexej Nawalnys verbreitet, dem noch am besten organisierten Netzwerk Oppositioneller. Das ist erschreckend.

Wiktor Mutschnik war viele Jahre Chefredakteur von *TW 2*, einem beliebten Regionalsender im sibirischen Tomsk. 1991 gegründet, verlor *TW 2* als einer der ersten unabhängigen Fernsehsender bereits 2014 die Sendelizenz. Die Mitarbeiter machten im Internet weiter. Mit dem breit angelegten Angriffskrieg auf die Ukraine 2022 und der weiteren Verschärfung der Zensur in Russland wurde auch das unmöglich. Der Sender löste sich auf, mehrere Mitarbeiter flohen ins Ausland. Mutschnik ging nach Armenien und gründete das Videoprojekt *Otschewidzy*, Augenzeugen, das auf YouTube verbreitet wird. In seinem Wohnzimmer in der Hauptstadt Eriwan resümiert er: „Allmählich gewöhnen wir uns an die Frontberichte, an die Städte, die vom Erdboden verschwinden, an die Todesstatistiken. Nur, weil wir an etwas anderes denken, hört der Horror nicht auf. Wir dürfen nicht wegsehen. Wir müssen etwas tun, und sei es auch noch so wenig, um den Irrsinn zu stoppen. Und wir müssen darüber nachdenken, warum das mit uns passiert ist. Beides, Tun und Denken, hängen miteinander zusammen. Damit kommen wir zur schwierigen Frage unserer Verantwortung. Wer nie für Putin gestimmt hat, wer sogar mal zu einer Protestkundgebung gegangen ist, redlich seine Arbeit gemacht hat – inwiefern trägt er Schuld?" Mutschnik nimmt sich selbst keineswegs von diesen Fragen aus: „Ich gehöre zu der Generation, für die es in den 90er Jahren noch Möglichkeiten gab, das Leben und das Land zu verändern. Ich bin damit gescheitert. Und ich muss mich natürlich fragen, was wir damals falsch gemacht haben."

In dem Videoprojekt *Otschewidzy* äußern sich Menschen, die Russland verlassen haben, aber auch solche, die geblieben sind. Eine Juristin in Jekaterinburg sagt: „Ich würde nicht von Schuld sprechen, ich nenne es eher eine Form von Verantwortung. Mein Fehler war, dass ich seit meinem 18. Lebensjahr nur einmal zur Wahl gegangen bin. Das war 2021. Und ich hätte mehr Zeit aufwenden müssen, um andere Menschen aufzuklären. Stattdessen war ich etwas herablassend, habe mir gesagt: Es hat sowieso keinen

Sinn, mit Befürwortern der – entschuldigen Sie – Spezialoperation zu reden."

Ein PR-Berater, ebenfalls aus Jekaterinburg, räumt ein: „Ich spüre keine Schuld, aber Verantwortung. So wie jeder normal denkende Mensch. Es ist die Pflicht eines Intellektuellen, sein Land aus der Scheiße zu ziehen." Es erfordert Mut, sich so klar zu äußern. Denn sie alle sprechen offen in die Kamera und nennen ihren vollen Namen. So sagt eine Lokalredakteurin aus einer Kleinstadt nahe dem Ural in dem Videoprojekt: „Wir haben alle Angst, halten uns für zu klein."

Ihn habe die Offenheit überrascht, erzählt uns der Journalist Wiktor Mutschnik: „Das, was unsere Gesprächspartner sagen, kann für sie gefährlich werden. Einer wurde bereits zu einer Geldstrafe verurteilt. Wir haben den Interviewpartnern vorgeschlagen, sie von hinten zu filmen, anonym. Aber sie haben darauf bestanden, offen für ihre Position einzustehen. Und uns schreiben noch viel mehr Leute, dass sie Interviews geben wollen. Aber wir haben nicht die Mittel, Kameraleute zu allen zu schicken."

Solche Menschen, die das Problem beim Namen nennen, die offensichtlich ein Gewissen haben und Verantwortung übernehmen, sind ein Hoffnungsschimmer. Dass die Frage nach Schuld und Verantwortung überhaupt gestellt wird, wenn auch bisher nur in kleinen Teilen der russischen Gesellschaft und vor allem im Ausland, ist ein erster Schritt. Daran muss man anknüpfen, wenn man in Zukunft friedlich in Europa leben möchte.

Während unsere Freundin Mascha aus Kirow sich gedanklich in die propagandistisch verklärte Vergangenheit der Sowjetunion begibt, stellt auch Pawel die Frage nach Verantwortung und Aufarbeitung. Zumindest im Chat mit uns. Es beginnt mit einer Diskussion über das Verhältnis zur eigenen Nation. Als er uns Anfang September 2022 von dem neuerdings üblichen Fahnenappell an der Schule seiner Tochter berichtet, fragt er, ob es so etwas an deutschen Schulen auch gibt. Wir erklären ihm, warum nicht. Darüber hinaus erzählen wir ihm, dass viele Deutsche grundsätzliche Schwierigkeiten mit nationalen Symbolen wie Fahnen oder Hymnen haben. Er antwortet: „Ich bin für einen gesunden Patriotismus. Es gefällt mir überhaupt nicht, dass die Deutschen dazu neigen, Asche auf ihr Haupt zu streuen wegen der Verbrechen, die von einem Teil des deutschen Volkes begangen wurden, das vom Führer um den Finger gewickelt wurde." Wir erklären, dass es nicht darum geht, in Sack und Asche zu gehen, sondern die Verantwortung anzunehmen und Krieg und Unterdrückung mit allen Mitteln zu verhindern. Pawel fragt nach: „Wurde euch in der Schule von den Schrecken des Nationalsozialismus erzählt und beigebracht, was man tun muss, damit sich so etwas nicht wiederholt?" Wir antworten ausführlich, erzählen von den Buchempfehlungen in der Schule, „Als Hitler das rosa Kaninchen stahl", dem Tagebuch der Anne Frank und der TV-Serie „Holocaust". Wir erzählen vom Geschichtsunterricht und dass die Ermutigung zum persönlichen Eintreten für Freiheiten von Schule zu Schule, von Lehrer zu Lehrer und natürlich auch in jeder Familie anders war. Wir erklären ihm, dass die Bundesrepublik Deutschland nach 1945 ein System von sich gegenseitig kontrollierenden Institutionen geschaffen hat, die Kompromisse schließen müssen, erklären den Föderalismus mit seinen starken Bundesländern, die im Grundgesetz verankerte Pressefreiheit und andere Vorkehrungen, die getroffen wurden, damit in Deutschland möglichst nicht wieder eine Diktatur entstehen kann.

Es dauert ein wenig, bis Pawel reagiert: „Nach Putin werden wir eure Erfahrungen übernehmen müssen. Wir werden erzählen müssen von den Schrecken der Revolution und des Bürgerkriegs und des Hungers der 30er Jahre und des stalinistischen Terrors, von den Verbrechen der Deutschen, Briten und Russen im Zweiten Weltkrieg usw. Und wie man das vermeiden kann. Das wurde uns in der Schule nicht beigebracht. So konnte der Kult um Stalin entstehen, deshalb haben wir Putin und den Krieg gegen die Ukraine."

Doch zunächst müssen sie Putin loswerden und die mit ihm mächtig gewordenen Eliten. Je länger der Vernichtungsfeldzug Russlands gegen die Ukraine dauert, desto öfter hören wir den Vergleich Putins mit Hitler, Russlands mit dem Dritten Reich. Unabhängig davon, ob solche Vergleiche tragen – ein Weg wie in Deutschland nach 1945 wird in Russland nicht möglich sein. Deutschland lag in Trümmern und war besetzt. In Deutschland dauerte die Nazidiktatur zwölf Jahre, in Russland werden die Menschen seit hundert Jahren mit Unterbrechungen totalitärer Gehirnwäsche ausgesetzt. Russland wird sehr wahrscheinlich nicht besetzt werden und es wird keine Siegermächte geben, die so etwas wie eine Entnazifizierung anordnen könnten. Die Impulse müssen aus der russischen Gesellschaft kommen.

Wenn der Krieg einmal zu Ende ist, darf es kein Zurück zur Normalität mit Russland geben. Sollte sich Russland ganz oder auch nur teilweise aus der Ukraine zurückziehen und Putin an der Macht bleiben, wird er alles daransetzen, die Niederlage als Resultat einer Aggression der NATO darzustellen. Das tut er bereits im Herbst 2022. Er wird auf Rache sinnen. Das Gleiche gilt, wenn Putin aus welchen Gründen auch immer gehen sollte und ein ähnliches Regime die Macht übernimmt. Und selbst wenn Menschen an die Macht kommen, die umsteuern, wird das nicht reichen. Die russische Gesellschaft muss sich grundlegend ändern. Deshalb ist es dringend geboten, all jene zu unterstützen, die die Chance haben, in die russische Gesellschaft hineinzuwirken und Debatten in Russland anzustoßen. Bleibt das aus, besteht die Gefahr weiter, dass die russische Gesellschaft einen neuen nationalistischen Tyrannen und weitere Kriege gutheißt.

Menschen wie Pawel verlangen längst danach, einen „psychologischen und ideologischen Krieg gegen Putin und um die Köpfe und Herzen der Russen“ zu führen. Auch Russlandexperten fordern seit Jahren Aufklärung der russischen Bevölkerung, ein Gegengewicht zur Propaganda. Das wurde politisch nicht ernst genug genommen. Nun wird es mit jedem Tag der Gehirnwäsche schwieriger, zu den Menschen in Russland überhaupt noch durchzudringen. Auch die Zensur wird immer schärfer. Der Journalist Maxim Kurnikow versucht es trotzdem. Er hat 15 Jahre bei dem Moskauer Radiosender *Echo Moskwy* gearbeitet, zuletzt als stellvertretender Chefredakteur. Kurnikow kam im Frühjahr 2022 nach Berlin. Aus dem Exil arbeitet er an einer Onlineversion von *Echo Moskwy* mit und kooperiert mit einem großen deutschen Verlagshaus. Sein Publikum sieht er in Russland, aber nicht nur dort: „In den ehemaligen Staaten der Sowjetunion gibt es Zigmillionen Menschen, die Russisch sprechen, Russisch denken, russisches Fernsehen schauen und andere Medien aus Russland konsumieren. Das ist eine riesige Zielgruppe, und die sollten wir mit qualitativ hochwertigem Journalismus bedienen.“ Bisher werden diese Menschen weitgehend der Propaganda des russischen Staates überlassen, und sie wirkt. Selbst Ukrainer, die russisches Staatsfernsehen konsumieren, verharmlosen Russlands Krieg und sehen die Schuld dafür außerhalb Russlands, meist bei der NATO und den USA. Gleiches gilt für russischsprachige Menschen in Deutschland, die Kanäle des russischen Staatsfernsehens gucken. Kurnikows Ansatz ist deshalb vorausschauend. Er hat noch ein zweites Ziel: „Ich will die Russen dazu zwingen, einzusehen, dass sie ein imperiales Bewusstsein haben. Das gilt auch für Demokraten und Liberale. Ihnen ist nicht klar, dass sie Imperialisten sind.“ Es ist bezeichnend, dass Kurnikow nicht in Moskau, sondern in den 90er Jahren im unabhängigen Kasachstan aufgewachsen ist. Dort sind Russen in der Minderheit. Kurnikow hat sich mit der Rolle der Russen in den ehemaligen sowjetischen Nachbarrepubliken auseinandergesetzt. Damit hat er den meisten Moskauern etwas voraus. Er will sie zum Nachdenken bringen. „Diese Aufgabe stelle ich mir, nicht für heute, nicht für die nächsten Monate, aber für die nächsten Jahre.“ Projekte wie seine zu unterstützen, ist eine Investition in die Zukunft.

In der Ukraine sichern derweil ukrainische und internationale Ermittler Beweise für begangene Kriegsverbrechen. Im Sommer 2022 wurden in Kyjiw erste Urteile gegen russische Kriegsverbrecher gefällt – eine erste Basis. Ziel ist, die Verantwortlichen für die Verbrechen irgendwann vor einem internationalen Gericht anzuklagen. Das ist nicht nur für die Ukrainer wichtig. Es geht darum, über Schuld und Sühne des Einzelnen hinaus ein langfristiges Umdenken zu erreichen. Jeder in Russland muss begreifen, dass die Zeit der Straffreiheit vorüber ist und Verbrecher zur Verantwortung gezogen werden. Die Ermittler bereiten nicht nur den Boden für juristische Aufarbeitung, sie schaffen auch eine Faktenbasis, mit der Russen konfrontiert werden müssen, sobald sie wieder für Fakten zugänglich sind. Es geht darum, ihnen irgendwann klarzumachen, dass diese Kriegsverbrechen und Verbrechen gegen die Menschlichkeit von Russen in ihrem Namen in der Ukraine begangen wurden. Sie müssen sehen, dass es eine Realität gibt, vor der sie die Augen verschlossen haben. Ob sie dann den nächsten Schritt gehen und ihre Verantwortung oder gar persönliche Mitschuld für diese Verbrechen sehen, steht noch auf einem anderen Blatt. Und ob und wie man sie dazu bewegen kann, sich mit der unbequemen Wahrheit auseinanderzusetzen, ist unklar. Es steht zu befürchten, dass all die juristischen Verfahren als Siegerjustiz wahrgenommen werden und damit neue Opfermythen entstehen. Das muss unbedingt vermieden werden, dazu bedarf es der Aufklärung.

Noch ist unsicher, ob diese Aufarbeitung in Russland jemals beginnen wird. Was also tun? Das Wichtigste ist, der Ukraine und anderen von Russland bedrohten Staaten zu helfen. Damit das noch lange möglich ist, gilt es, die eigene Wehrhaftigkeit zu stärken. Das betrifft nicht nur das Militär, es geht besonders um die Demokratie und den gesellschaftlichen Zusammenhalt. Denn die Gefahr ist nicht vorbei, wenn das Morden in der Ukraine aufhört.